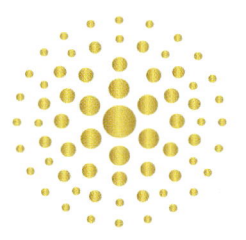

바로보인

전傳
등燈
록錄

23

농선 대원 역저

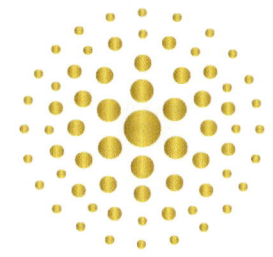

이 원상은 농선 대원 선사님께서 직접 그리신 것으로 모든 불성이 서로 상즉해 공존하는 원리를 담은 것이다.

선 심(禪心)

누리 삼킨 참나를
낙화(落花)로 자각(自覺)
떨어지는 물소리로 웃고 가는 길
돌에서 꽃에서도 님이 맞는다

 정맥 선원의 문젠 마크는 농선 대원 선사님께서 마음을 상징하는 달(moon)과 그 마음을 깨달아 마음이 내가 된 삶인 선(zen)을 평화의 상징인 비둘기로 형상화 하신 것이다.

교조 석가모니 부처님과
부처님으로부터 직계로 내려온
불조정맥 78대 조사들의
진영과 전법게

 불조정맥

　　불조정맥이란 석가모니 부처님으로부터 현 78대 조사에 이르기까지 스승에게 깨달음의 인증인 인가를 받아 법을 전하라는 부촉을 받은 전법선사의 맥이다. 여기에 실린 불조진영과 전법게는 농선 대원 선사님께서 다년간 수집 정리하여 기도와 관조 끝에 완성하여 수립하신 것이다. 각 선사의 진영과 함께 실린 전법게는 스승으로부터 직접 전해 받은 게송이다. 단, 석가모니 부처님 진영에 실린 게송은 석가모니 부처님의 게송이다.

교조 석가모니 부처님

환화라고 하는 것 근본 없어 생긴 적도 없어서 　幻化無因亦無生
모두가 스스로 이러-해서 본다 함도 이러-하네 　皆則自然見如是
모든 법도 스스로 화한 남, 아닌 것이 없어서 　諸法無非自化生
환화라 하지만 남이 없어 두려워할 것도 없네 　幻化無生無所畏

제1조　마하가섭 존자

법이라는 본래 법엔 법이랄 것 없으나	法本法無法
법이랄 것 없다는 법, 그 또한 법이라	無法法亦法
이제 법이랄 것 없음을 전해줌에	今付無法時
법이라는 법인들 그 어찌 법이랴	法法何曾法

제2조　아난다 존자

법이란 법 본래의 법이라	法法本來法
법도 없고 법 아님도 없으니	無法無非法
어떻게 온통인 법 가운데	何於一法中
법 있으며 법 아닌 것 있으랴	有法有非法

제3조　상나화수 존자

본래의 법 전함이 있다 하나	本來付有法
전한 말에 법이랄 것 없다 했네	付了言無法
각자가 스스로 깨달으라	各各須自悟
깨달으면 법 없음도 없다네	悟了無無法

제4조　우바국다 존자

법 아니고 마음도 아니어서	非法亦非心
맘이랄 것, 법이랄 것 없나니	無心亦無法
마음이다, 법이다 설할 때는	說是心法時
그 법은 마음법이 아니로다	是法非心法

제5조　제다가 존자

마음이란 스스로인 본래의 마음이니	心自本來心
본래의 마음에는 법 있는 것 아니로다	本心非有法
본래의 마음 있고 법이란 것 있다 하면	有法有本心
마음도 아니요 본래 법도 아니로다	非心非本法

제6조 미차가 존자

본래의 마음법을 통달하면	通達本心法
법도 없고, 법 아님도 없도다	無法無非法
깨달으면 깨닫기 전과 같아	悟了同未悟
마음이니, 법이니 할 것 없네	無心亦無法

제7조 바수밀 존자

맘이랄 것 없으면 얻음도 없어서	無心無可得
설함에 법이라 이름할 것도 없네	說得不名法
만약에 맘이라 하면 마음 아님 깨달으면	若了心非心
비로소 마음인 마음법 안다 하리	始解心心法

제8조 불타난제 존자

가없는 마음으로	心同虛空界
가없는 법 보이니	示等虛空法
가없음을 증득하면	證得虛空時
옳고 그른 법이 없다	無是無非法

제9조 복타밀다 존자

허공이 안팎 없듯	虛空無內外
마음법도 그러하다	心法亦如此
허공이치 요달하면	若了虛空故
진여이치 통달하네	是達眞如理

제10조 파율습박(협) 존자

진리란 본래에 이름할 수 없으나	眞理本無名
이름에 의하여 진리를 나타내니	因名顯眞理
받아 얻은 진실한 법이라고 하는 것	受得眞實法
진실도 아니요, 거짓도 아니로세	非眞亦非僞

제11조　부나야사 존자

참된 몸 스스로 이러-히 참다우니	眞體自然眞
참됨을 설함으로 인해 진리란 것 있다 하나	因眞說有理
참답게 참된 법을 깨달아 얻으면	領得眞眞法
베풀 것도 없으며 그칠 것도 없다네	無行亦無止

제12조　아나보리(마명) 존자

미혹과 깨침이란 숨음과 드러남 같다 하나	迷悟如隱顯
밝음과 어둠이 서로가 여읠 수 없는 걸세	明暗不相離
이제 숨음이 드러난 법 부촉한다지만	今付隱顯法
하나도 아니요, 둘도 또한 아니로세	非一亦非二

제13조　가비마라 존자

숨었느니 드러났느니 하지만 본래의 법에는	隱顯卽本法
밝음과 어두움이 원래에 둘 아니라	明暗元不二
깨달아 마친 법을 전한다고 하지만	今付悟了法
취함도 아니요, 여읨도 아니로세	非取亦非離

제14조　나가르주나(용수) 존자

숨을 수도, 드러날 수도 없는 법이라 함	非隱非顯法
이것이 참다운 실제를 말함이니	說是眞實際
숨음이 드러난 법 깨달았다 하나	悟此隱顯法
어리석음도 아니요 지혜로움도 아니로다	非愚亦非智

제15조　가나제바 존자

숨었느니 드러났느니 하면 법에 밝다 하랴	爲明隱顯法
밝게 해탈의 이치를 설하려면	方說解脫理
저 법에 증득한 바도 없는 마음이어야 하니	於法心不證
성낼 것도 없으며 기쁠 것도 없다네	無嗔亦無喜

제16조 라후라타 존자

본래에 법을 전할 사람 대해 本對傳法人
해탈의 진리를 설하나 爲說解脫理
법엔 실로 증득한 바 없어서 於法實無證
마침도 비롯함도 없느니라 無終亦無始

제17조 승가난제 존자

법에는 진실로 증득한 바 없어서 於法實無證
취함도 없으며 여읨도 없느니라 不取亦不離
법에는 있다거나 없다는 상도 없거늘 法非有無相
안이니 밖이니 어떻게 일으키리 內外云何起

제18조 가야사다 존자

맘 바탕엔 본래에 남 없거늘 心地本無生
바탕의 인, 연을 쫓아 일으키나 因地從緣起
연과 종자 서로가 방해 없어 緣種不相妨
꽃과 열매 그 또한 그러하네 華果亦復爾

제19조 구마라다 존자

마음의 바탕에 지닌 종자 있음에 有種有心地
인과 연이 능히 싹 나게 하지만 因緣能發萌
저 연에 서로가 걸림이 없어서 於緣不相礙
마땅히 난다 해도 남이 남 아니로세 當生生不生

제20조 사야다 존자

성품에는 본래에 남 없건만 性上本無生
구하는 사람 대해 설할 뿐 爲對求人說
법에는 얻은 바 없거늘 於法旣無得
어찌 깨닫고, 깨닫지 못함을 둘 것인가 何懷決不決

제21조 바수반두 존자

말 떨어지자마자 무생에 계합하면	言下合無生
저 법계와 성품이 함께 하리니	同於法界性
만일 능히 이와 같이 깨친다면	若能如是解
궁극의 이변 사변 통달하리	通達事理竟

제22조 마노라 존자

물거품과 환 같아 걸릴 것도 없거늘	泡幻同無礙
어찌하여 깨달아 마치지 못했다 하는가	如何不了悟
그 가운데 있는 법을 통달하면	達法在其中
지금도 아니요, 옛 또한 아니니라	非今亦非古

제23조 학륵나 존자

마음이 만 경계를 따라서 구르나	心隨萬境轉
구르는 곳마다 실로 능히 그윽함에	轉處實能幽
성품을 깨달아서 흐름을 따르면	隨流認得性
기쁠 것도 없으며 근심할 것도 없네	無喜亦無憂

제24조 사자보리 존자

마음의 성품을 깨달음에	認得心性時
사의할 수 없다고 말하나니	可說不思議
깨달아 마쳐서는 얻음 없어	了了無可得
깨달아선 깨달았다 할 것 없네	得時不說知

제25조 바사사다 존자

깨달음의 지혜를 바르게 설할 때에	正說知見時
깨달음의 지혜란 이 마음에 갖춘 바라	知見俱是心
지금의 마음이 곧 깨달음의 지혜요	當心卽知見
깨달음의 지혜가 곧 지금의 함일세	知見卽于今

제26조　불여밀다 존자

성인이 말하는 지견은　　　　　　聖人說知見
경계를 맞아서 시비 없네　　　　　當境無是非
나 이제 참성품 깨달음에　　　　　我今悟眞性
도랄 것도, 이치랄 것도 없네　　　無道亦無理

제27조　반야다라 존자

맘 바탕에 참성품 갖췄으나　　　　眞性心地藏
머리도, 꼬리도 없으니　　　　　　無頭亦無尾
인연 응해 만물을 교화함을　　　　應緣而化物
지혜라고 하는 것도 방편일세　　　方便呼爲智

제28조　보리달마 존자

마음에서 모든 종자 냄이여　　　　心地生諸種
일(事)로 인해 다시 이치 나느니라　因事復生理
두렷이 보리과가 원만하니　　　　果滿菩提圓
세계를 일으키는 꽃 피우리　　　　華開世界起

제29조　신광 혜가 대사

내가 본래 이 땅에 온 것은　　　　吾本來此土
법을 전해 중생을 구함일세　　　　傳法救迷情
한 송이에 다섯 꽃잎 피리니　　　一花開五葉
열매 맺음 자연히 이뤄지리　　　　結果自然成

제30조　감지 승찬 대사

본래의 바탕에 연 있으면　　　　　本來緣有地
바탕의 인에서 종자 나서 꽃핀다 하나　因地種華生
본래엔 종자가 있은 적도 없어서　　本來無有種
꽃핀 적도 없으며 난 적도 없다네　　華亦不曾生

제31조 대의 도신 대사

꽃과 종자 바탕으로 인하니 　　　　　　華種雖因地
바탕을 쫓아서 종자와 꽃을 내나 　　　　從地種華生
만약에 사람이 종자 내림 없으면 　　　　若無人下種
남 없어 바탕에 꽃핀 적도 없다 하리 　　華地盡無生

제32조 대만 홍인 대사

꽃과 종자 성품에서 남이라 　　　　　　華種有生性
바탕으로 인해서 나고 꽃피우니 　　　　因地華生生
큰 연과 성품이 일치하면 　　　　　　　大緣與性合
그 남은 나도 남 아니로세 　　　　　　　當生生不生

제33조 대감 혜능 대사

정 있어 종자를 내림에 　　　　　　　　有情來下種
바탕 인해 결과 내어 영위하나 　　　　　因地果還生
정이랄 것도 없고 종자랄 것도 없어서 　無情旣無種
만물의 근원인 도의 성품엔 또한 남도 없네 　無性亦無生

제34조 남악 회양 전법선사

마음의 바탕에 모든 종자 머금어져 　　　心地含諸種
널리 비 내림에 모두 다 싹트도다 　　　　普雨悉皆生
단박에 깨달아 정을 다한 꽃피움에 　　　頓悟華情已
보리의 과위가 스스로 이뤄졌네 　　　　菩提果自成

제35조 마조 도일 전법선사

마음의 바탕에 모든 종자 머금어져 　　　心地含諸種
비와 이슬 만남에 모두 다 싹이 트나 　　遇澤悉皆萌
삼매의 꽃핌이라 형상이 없거늘 　　　　三昧華無相
무엇이 무너지고 무엇이 이뤄지랴 　　　何壞復何成

제36조 백장 회해 전법선사

마음 외에 본래에 다른 법이 없거늘	心外本無法
부촉함이 있다 하면 마음법이 아닐세	有付非心法
원래에 마음법 없음을 깨달은	旣知非法心
이러-한 마음법을 그대에게 부촉하네	如是付心法

제37조 황벽 희운 전법선사

본래에 말로는 부촉할 수 없는 것을	本無言語囑
억지로 마음의 법이라 전함이니	强以心法傳
그대가 원래에 받아 지닌 그 법을	汝旣受持法
마음의 법이라고 다시 어찌 말하랴	心法更何言

제38조 임제 의현 전법선사

마음의 법 있으면 병이 있고	病時心法在
마음의 법 없으면 병도 없네	不病心法無
내 부촉한 마음의 법에는	吾所付心法
마음의 법 있는 것 아니로세	不在心法途

제39조 흥화 존장 전법선사

지극한 도는 간택함이 없으니	至道無揀擇
본래의 마음이라 향하고 등짐이 없느니라	本心無向背
이 같음을 감당해 이으려는가?	便如此承當
봄바람에 곤한 잠을 더하누나	春風增瞌睡

제40조 남원 혜옹 전법선사

대도는 온통 맘에 있다지만	大道全在心
맘에 구함 있으면 그르치네	亦非在心求
그대에게 부촉한 자심의 도에는	付汝自心道
기쁨도 근심도 없느니라	無喜亦無憂

제41조　풍혈 연소 전법선사

나 이제 법 없음을 말하노니	我今無法說
말한 바가 모두 다 법 아니라	所說皆非法
법 없는 법 지금에 부촉하니	今付無法法
이 법에도 머무르지 말아라	不可住于法

제42조　수산 성념 전법선사

말한 적도 없어야 참법이니	無說是眞法
이 말함은 원래에 말함 없네	其說元無說
나 이제 말한 적도 없을 때	我今無說時
말함이라 말한들 말함이랴	說說何曾說

제43조　분양 선소 전법선사

예로부터 말함 없음 부촉했고	自古付無說
지금의 나 또한 말함 없네	我今亦無說
다만 이 말함 없는 마음을	只此無說心
모든 부처 다 같이 말한 바네	諸佛所共說

제44조　자명 초원 전법선사

허공이 형상이 없다 하나	虛空無形像
형상도, 허공도 아닐세	形像非虛空
내 부촉한 마음의 법이란	我所付心法
공도 공한 공이어서 공 아닐세	空空空不空

제45조　양기 방회 전법선사

허공이 면목이 없듯이	虛空無面目
마음의 상 또한 이와 같네	心相亦如然
곧 이렇게 비고 빈 마음을	卽此虛空心
높은 중에 높다고 하는 걸세	可稱天中天

제46조　백운 수단 전법선사

마음의 본체가 허공같아　　　　　　心體如虛空
법 또한 허공처럼 두루하네　　　　　法亦遍虛空
허공 같은 이치를 증득하면　　　　　證得虛空理
법도 아니요, 공한 맘도 아니로세　　非法非心空

제47조　오조 법연 전법선사

도에는 나라는 나 원래 없고　　　　道我元無我
도에는 맘이란 맘 원래 없네　　　　道心元無心
오직 이 나라 함도 없는 법으로　　　唯此無我法
나라 함 없는 맘에 일체하네　　　　相契無我心

제48조　원오 극근 전법선사

참나에는 본래에 맘이랄 것 없으며　　眞我本無心
참마음엔 역시나 나랄 것 없으나　　　眞心亦無我
이러-히 참답게 참마음에 일체되면　　契此眞眞心
나를 나라 한들 어찌 거듭된 나겠는가　我我何曾我

제49조　호구 소륭 전법선사

도 얻으면 자재한 마음이고　　　　得道心自在
도 얻지 못하면 근심이라 하나　　　不得道憂惱
본래의 마음의 도 부촉함에　　　　付汝自心道
기쁨도, 근심도 없느니라　　　　　無喜亦無惱

제50조　응암 담화 전법선사

맑던 하늘 구름 덮인 하늘 되고　　　天晴雲在天
비 오더니 젖어있는 땅일세　　　　　雨落濕在地
비밀히 마음을 부촉함이여　　　　　秘密付與心
마음법이란 다만 이것일세　　　　　心法只這是

제51조   밀암 함걸 전법선사

부처님은 눈으로써 별을 보고	佛用眼觀星
난 귀로써 소리를 들었도다	我用耳聽聲
나의 함이 부처님의 함과 같아	我用與佛用
내 밝음이 그대의 밝음일세	我明汝亦明

제52조   파암 조선 전법선사

부처와 더불어 중생의 보는 것이	佛與衆生見
원래 근본 부처인데 금 그은들 바뀌랴	元本佛隔線
그대에게 부촉한 본연의 마음법에는	付汝自心法
깨닫고 깨닫지 못함도 없느니라	非見非不見

제53조   무준 사범 전법선사

내가 만약 봄이 없다 할 때에	我若不見時
그대 응당 봄이 없이 보아라	汝應不見見
봄에 봄 없어야 본연의 봄이니	見見非自見
본연의 마음이 언제나 드러났네	自心常顯現

제54조   설암 혜랑 전법선사

진리는 곧기가 거문고줄 같다는데	眞理直如絃
어떻게 침묵이나 말로 다시 할 것인가	何默更何言
나 이제 그대에게 공교롭게 부촉하니	我今善付囑
밝힌 마음 본래에 얻음이 없는 걸세	表心本無得

제55조   급암 종신 전법선사

사람에겐 미혹하고 깨달음이 본래 없는데	本無迷悟人
미했느니 깨쳤느니 제 스스로 분별하네	迷悟自家計
젊어서 깨달았다 말이나 한다면	記得少壯時
늙어서까지라도 깨닫지 못할 걸세	而今不覺老

제56조 석옥 청공 전법선사

이 마음이 지극히 광대하여	此心極廣大
허공에 비할 수도 없다네	虛空比不得
이 도는 다만 오직 이러-하니	此道只如是
밖으로 찾음 쉬어 받아 지녔네	受持休外覓

제57조 태고 보우 전법선사

지극히 큰 이것인 이 마음과	至大是此心
지극히 성스러운 이것인 이 법이라	至聖是此法
등불과 등불의 광명처럼 나뉨 없음	燈燈光不差
이 마음 스스로가 통달해 마침일세	了此心自達

제58조 환암 혼수 전법선사

마음 중의 본연의 마음과	心中有自心
법 중의 지극한 법을	法中有至法
내가 지금 부촉한다 하나	我今可付囑
마음법엔 마음법이라 함도 없네	心法無心法

제59조 구곡 각운 전법선사

온통인 도, 마음의 광명이라 할 것도 없으나	一道不心光
과거, 현재, 미래와 시방을 밝힘일세	三際十方明
어떻게 지극히 분명한 이 가운데	何於明白中
밝음과 밝지 않음 있다고 하리오	有明有不明

제60조 벽계 정심 전법선사

나 지금 법 없음을 부촉하고	我無法可付
그대는 무심으로 받는다 하나	汝無心可受
전함 없고 받음 없는 맘이라면	無付無受心
누구라도 성취하지 못했다 하랴	何人不成就

제61조 벽송 지엄 전법선사

마음이 곧 깨달음의 마음이요	心卽能知心
법이 곧 깨달음의 법이라	法卽可知法
마음법을 마음법이라 전한다면	法心付法心
마음도, 법도 아닐세	非心亦非法

제62조 부용 영관 전법선사

조사와 조사가 법 없음을 부촉한다 하나	祖祖無法付
사람과 사람마다 본래 스스로 지님일세	人人本自有
그대는 부촉함도 없는 법을 받아서	汝受無付法
긴요히 뒷날에 전하도록 하여라	急着傳於後

제63조 청허 휴정 전법선사

참성품은 본래에 성품이라 할 것 없고	眞性本無性
참법은 본래에 법이라 할 것 없네	眞法本無法
법이니 성품이니 할 것 없음 깨달으면	了知無法性
어떠한 곳엔들 통달하지 못하랴	何處不通達

제64조 편양 언기 전법선사

법도 아니고 법 아님도 아니고	非法非非法
성품도 아니고 성품 아님도 아니며	非性非非性
마음도 아니고 마음 아님도 아님이	非心非非心
그대에게 부촉하는 궁극의 마음법일세	付汝心法竟

제65조 풍담 의심 전법선사

부처님이 전하신 꽃 드신 종지와	師傳拈花宗
내가 미소지어 보인 도리를	示我微笑法
친히 손수 그대에게 분부하니	親手分付汝
받들어 지녀 누리에 두루하게 하라	持奉遍塵刹

제66조 월담 설제 전법선사

깨달아선 깨달은 바 없으며　　　　　得本無所得
전해서는 전함 또한 없느니라　　　　傳亦無可傳
전함도 없는 법을 부촉함이여　　　　今付無傳法
동서가 온통한 하늘일세　　　　　　東西共一天

제67조 환성 지안 전법선사

전하거나 받을 법이 없어서　　　　　無傳無受法
전하거나 받는다는 맘도 없네　　　　無傳無受心
부촉하나 받은 바 없는 이여　　　　付與無受者
허공의 힘줄마저 뽑아서 끊었도다　　掣斷虛空筋

제68조 호암 체정 전법선사

연류에 따른 일단사여　　　　　　　沿流一段事
머리도 꼬리도 필경 없네　　　　　　竟無頭與尾
사자새끼인 그대에게 부촉하니　　　付與獅子兒
사자후 천지에 가득케 하라　　　　哮吼滿天地

제69조 청봉 거안 전법선사

서 가리켜 동에 그림이여　　　　　指西喚作東
풍악산의 뭇 봉우리로다　　　　　　楓嶽山衆峰
불조의 이러한 법을　　　　　　　　佛祖之此法
너에게 분부하노라　　　　　　　　分付今日汝

제70조 율봉 청고 전법선사

머리도 꼬리도 없는 도리　　　　　無頭尾道理
오늘 그대에게 전해주니　　　　　　今日傳授汝
이후로 보림을 잘 하여서　　　　　此後善保任
영원히 끊어짐이 없게 하라　　　　永遠無斷絶

제71조 금허 법첨 전법선사

그믐날 근원에 돌아간다 말했으나   晦日豫言爲還元
법신에 그 어찌 가고 옴이 있으랴   法身何有去與來
푸른 하늘 해 있고, 못 가운데 연꽃일세   日在靑天池中蓮
이 법을 분부하니 끊어짐이 없게 하라   此法分付無斷絶

제72조 용암 혜언 전법선사

'연꽃이 나왔다' 하여 보인 큰 도리를   示出蓮之大道理
다시 또 뜰 밑 나무 가리켜 보여서   復亦指示庭下樹
후일의 크고 큰일 그대에게 부촉하니   後日大事與咐囑
잘 지녀 보림하여 끊어짐 없게 하라   保任善持無斷絶

제73조 영월 봉율 전법선사

사느니 죽느니 이 무슨 말들인고   生也死也是何言
물밭엔 연꽃이고 하늘엔 해일세   水田蓮花在天日
가없이 이러-해서 감출 수 없이 드러남   無邊無藏露如是
오늘 네게 분부하니 끊어짐 없게 하라   今日分付無斷絶

제74조 만화 보선 전법선사

봄산과 뜬구름을 동시에 보아라   春山浮雲觀同時
중생들의 이익될 바 그 가운데 있느니라   普益衆生在其中
이 가운데 도리를 이제 네게 부촉하니   此中道理今付汝
계승해 끊임없이 번성케 할지어다   繼承無斷爲繁盛

제75조 경허 성우 전법선사

하늘의 뜬구름이 누설한 그 도리를   浮雲漏泄其道理
오늘날 선자에게 부촉하여 주노니   今日咐囑與禪子
철저하게 보림하여 모범을 보임으로   保任徹底示模範
후세에 끊어짐이 없게 할 맘, 지니게나   後世無斷爲持心

제76조　만공 월면 전법선사

구름과 달, 산과 계곡이라, 곳곳에서 같음이여	雲月溪山處處同
선가의 나의 제자 수산의 큰 가풍일세	叟山禪子大家風
은근히 무문인을 그대에게 분부하니	慇懃分付無文印
이 기틀의 방편이 활안 중에 있노라	一段機權活眼中

제77조　전강 영신 전법선사

불조도 전한 바 없어서	佛祖未曾傳
나 또한 얻은 바 없음을…	我亦無所得
가을빛 저물어 가는 날에	此日秋色暮
뒷산의 원숭이가 울고 있네	猿嘯在後峰

제78대　농선 대원 전법선사

부처와 조사도 일찍이 전한 것이 아니거늘	佛祖未曾傳
나 또한 어찌 받았다 하며 준다 할 것인가	我亦何受授
이 법이 2천년대에 이르러서	此法二千年
널리 천하 사람을 제도하리라	廣度天下人

부처님으로부터 직계로 내려온 불조정맥 제78대 농선 대원 선사님

농선 대원 전법선사의 3대 서원

오로지 정법만을 깨닫기 서원합니다.
입을 열면 정법만을 설하기 서원합니다.
중생이 다하는 그날까지 교화하기 서원합니다.

성불사 국제정맥선원 대웅전

성불사 국제정맥선원은

농선 대원 선사님께서 주석하시는 곳으로

대원 선사님의 지도하에 비구스님들이

직접 지은 도량이다.

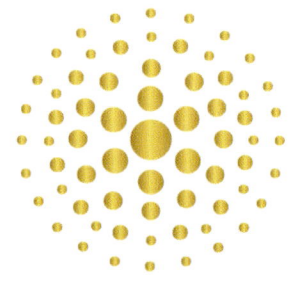

불교 8대 선언문

불교는 자신에게서 영생을 발견하게 한 유일한 종교이다.
불교는 자신에게서 모든 지혜를 발견하게 한 유일한 종교이다.
불교는 자신에게서 모든 능력을 발견하게 한 유일한 종교이다.
불교는 자신에게서 모든 것을 이루게 한 유일한 종교이다.
불교는 자신에게서 극락을 발견하게 한 유일한 종교이다.
불교는 깨달으면 차별 없어 평등하다는 유일한 종교이다.
불교는 모든 억압 없이 자신감을 갖게 한 유일한 종교이다.
불교는 그러므로 온 누리에 영원할 만인의 종교이다.

농선 대원 전법선사 주창

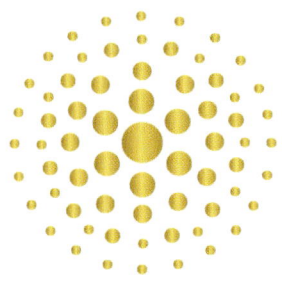

전세계의 불교계에서 통일시켜야 할 일

경전의 말씀대로 32상과 80종호를 갖춘 불상으로 통일해야 한다.

예불 드리는 법을 통일해야 한다.

불공의식을 통일해야 한다.

농선 대원 전법선사 주창

농선 대원 선사의 전등록 발간의 의의

　선문(禪文)이란 말 밖의 말로 마음을 바로 가리켜 깨닫게 하여 그 깨달은 마음 바탕에서 닦아 불지(佛地)에 이르게 하는 문(門)이다. 그러기에 지식이나 알음알이로는 헤아려 알 수 없는 것이어서 깨달아 증득하여 일체종지(一切種智)를 이룬 이가 아니고는 그 요지를 바로 보아 이끌어 줄 수 없다.

　지금 불교의 현실이 대본산 강원조차 이런 안목으로 이끌어 주는 선지식이 없어서 선종(禪宗) 최고의 공안집인 '전등록', '선문염송' 강의가 모두 폐강된 상황이다.
　이에 대원 선사님께서는 불조(佛祖)의 요지가 말이나 글에 떨어져 생사해탈의 길이 단절되는 것을 염려하여 깨달음의 법을 선리(禪理)에 맞게 바로 잡는 역경 작업에 혼신을 다하고 계신다.

　대원 선사님께서는 19세에 선운사 도솔암에서 활연대오한 후, 대선지식과의 법거량에서 한 치의 주저함도 없이 명쾌하게 응대하시니 당시 12대 선지식들께서 탄복해 마지않으셨다. 경봉 선사님과 조계종 지혜제일 전강 선사님과의 문답만을 보더라도 취모검과 같은 대원 선사님의 선지를 엿볼 수 있다.

맨 처음 통도사 경봉 선사님을 찾아뵈었을 때, 마침 늦가을 감나무에서 감을 따고 계신 경봉 선사님을 보자 감나무 주위를 한 번 돌고 서 있으니, 경봉 선사님께서 물으셨다.

"어디서 왔는가?"

"호남에서 왔습니다."

"무엇을 공부했는가?"

"선을 공부했습니다."

"무엇이 선이냐?"

"감이 붉습니다."

"네가 불법을 아는가?"

"알면 불법이 아닙니다."

위의 문답이 있은 후 경봉 선사님께서는 해제 법문을 대원 선사님께 맡기셨으나 대원 선사님께서는 아직 그럴 때가 아니라 여겨져 그 이튿날인 해제일 새벽 직전에 통도사를 떠나와 버리셨다.

또 광주 동광사에서 처음 전강 선사님을 뵈었을 때, 20대 초면의 젊은 승려인 대원 선사님께 전강 선사님께서 대뜸 '달마불식 도리'를 일러보라 하셨다. 대원 선사님께서 아무 말없이 다가가 전강 선사님의 목에 있는 점 위의 털을 뽑아 버리고 종무소로 가니, 전강 선사님께서 "여기 사람 죽이는 놈이 있다."하며 종무소까지 따라오다 방장실로 돌아가셨다.

그 이후 대원 선사님께서 군산 은적사에서 전강 선사님을 시봉하며 모시고 계실 때, 전강 선사님께서 또 물으셨다.

"공적의 영지를 일러라."

"이러-히 스님과 대담합니다."

"영지의 공적을 일러라."

"스님과 대담에 이러-합니다."

"이러-한 경지를 일러라."

"명왕은 어상을 내리지 않고 천하일에 밝습니다."

대원 선사님의 답에 전강 선사님께서는 희색이 만면해서 고개를 끄덕이며 당신 처소로 돌아가셨다.

이에 그치지 않고 전강 선사님께서 대구 동화사 조실로 계실 때, 대원 선사님께 말씀하셨다.

"대중들이 자네를 산으로 불러내어 그 중에 법성(조계종 종정 진제 스님)이 달마불식 도리를 일러보라 했을 때 '드러났다'라고 답했다는데, 만약에 자네가 양무제였다면 '모르오'라고 이르고 있는 달마 대사에게 어떻게 했겠는가?"

"제가 양무제였다면 '성인이라 함도 설 수 없으나 이러-히 짐의 덕화와 함께 어우러짐이 더욱 좋지 않겠습니까?'하며 달마 대사의 손을 잡아 일으켰을 것입니다."

그러자 전강 선사님께서 탄복하며 말씀하셨다.

"어느새 그 경지에 이르렀는가?"

"이르렀다곤들 어찌하며 갖추었다곤들 어찌하며 본래라곤들 어찌하리까? 오직 이러-할 뿐인데 말입니다."

대원 선사님의 대답에 전강 선사님께서 크게 기뻐하셨다.

이와 같이 대원 선사님께서는 20대 초반에 이미 어떤 선지식의 물음에도 전광석화와 같이 답하셨으며 그 법을 씀이 새의 길처럼 흔적 없는 가운데 자유자재하셨다.

깨달음의 방편에 있어서는 육조 대사께서 마주 앉은 자리에서 사람들을 깨닫게 하셨듯이, 제자들을 제접해 직지인심(直指人心)으로 스스로의 마음에 사무쳐 들게 하여 근기에 따라 보림해 갈 수 있도록 이끌어주시니, 꺼져가는 정법의 기치를 바로 일으켜 세움이라 하겠다.

또한 선지식이라면 이변(理邊)에서 뿐만이 아니라 사변(事邊)에서도 먼 안목으로 인류가 무엇을 어떻게 대비하며 살아가야 할지를 예언하고 이끌어 주어야 한다고 하셨다.

그래서 1962년부터 주창하시기를, 전 세계가 21세기를 '사막 경영의 시대'로 삼아 사막화된 지역에 '사막 해수로 사업'을 하여 원하는 지역의 기후를 조절해야 하고, 자원을 소모하는 발전소 대신 파도, 태양열, 풍력 등의 대체 에너지와 무한 원동기를 개발해야 한다고 하셨다. 또, 도로를 발전소화하여 전기를 생산하는 방법 등을 구체적으로 제안하시고, 천재지변을 대비하여 각자의 집에서 농사를 짓는 '울안의 농법'을 연구하시는 등 만인이 더 나은 삶을 살 수 있는 길을 끊임없이 일러 주고 계신다.

　이와 같이 대원 선사님께서는 일체종지를 이룬 지혜로, '참나를 깨달아 마음이 내가 된 삶'을 위한 깨달음의 법으로부터 닥쳐오는 재난을 막고 지구를 가장 살기 좋은 세상으로 만드는 방편까지 늘 그 방향을 제시하고 계신다.

　한편, 불교의 최고 경전인 '화엄경 81권'을 완간하여 불보살님의 불가사의한 화엄세계를 열어 보이셨으며, 선문 최대의 공안집인 '선문염송 30권' 1,463칙에 대하여 석가모니 부처님 이래 최초로 전 공안을 맑은 물 밑바닥 보듯이 회통쳐 출간하셨다.

　이제 대원 선사님께서는 7불과 역대 조사들의 깨달음의 진수가 담긴 '전등록 30권'을 그런 혜안(慧眼)으로 조사마다 선리의 토끼뿔을 더해 닦아 증득할 수 있도록 밝혀 보이셨다. 그리하여 생사윤회길을 헤매는 중생들에게 해탈의 등불이 되고자 하셨으며, 불조(佛祖)의 정법이 후세에까지 끊어지지 않게 하여 부처님 은혜에 보답하고자 하셨다.

　부처님 가신 지 오래 되어 정법은 약하고 삿된 법이 만연한 지금, 중생이 다하는 날까지 중생을 구제하기 서원하는 대원 선사님과 같은 명안종사(明眼宗師)가 계심은 불보살님의 자비광명이 이 땅에 두루한 은덕이라 하겠다.

바로보인 불법 ㊸

전등록 傳燈錄

23

도서출판 문젠(구, 바로보인)은 정맥선원에서 운영하고 있습니다.

* 인제산(人濟山) 성불사(成佛寺) 국제정맥선원
  경기도 포천시 내촌면 소리개길 86-178 ☎ 031-531-8805
* 인제산(人濟山) 이룬절 포천정맥선원
  경기도 포천시 내촌면 소리개길 86-123 ☎ 031-531-2433
* 백양산(白楊山) 자모사(慈母寺) 부산정맥선원
  부산시 동래구 아시아드대로 114번길 10 대륙코리아나 2층 212호 ☎ 051-503-6460
* 자모산(慈母山) 육조사(六祖寺) 청도정맥선원
  경북 청도군 매전면 동산리 산 50 ☎ 010-4543-2460
* 광암산(光嚴山) 성도사(成道寺) 광주정맥선원
  광주광역시 광산구 삼도광암길 34 ☎ 062-944-4088
* 대통산(大通山) 대통사(大通寺) 해남정맥선원
  전남 해남군 화산면 송계길 132-98 중정마을 ☎ 061-536-6366

바로보인 불법 ㊸
전 등 록 23

초판 1쇄 펴낸날 단기 4354년, 불기 3048년, 서기 2021년 12월 30일

역   저 농선 대원 선사
펴 낸 곳 도서출판 문젠(Moonzen Press)
          11192, 경기도 포천시 내촌면 소리개길 86-178
          전화 031-534-3373 팩스 031-533-3387
신고번호 2010.11.24. 제2010-000004호

편집윤문출판 법심 최주희, 법운 정숙경
인디자인 전자출판 지일 박한재
한문원문대조 불장 곽병원
표 지 글 씨 춘성 박선옥
인   쇄 북크림

도서출판문젠 www.moonzenpress.com
정 맥 선 원 www.zenparadise.com
사막화방지국제연대(IUPD) www.iupd.org

ⓒ 문재현, 2021. Printed in Seoul, Republic of Korea
값 15,000원
ISBN 978-89-6870-623-3
ISBN 978-89-6870-600-4 04220(전30권)

 서 문

  전등록은 말 없는 말이며 말 밖의 말이라서 학식이나 재치만으로는 번역이 실로 불가능한 일이다. 그러기에 육조단경(六祖壇經)을 보면 법화경을 삼천 번이나 독송한 법달(法達)은 글 한 자 모르시는 육조(六祖)께 경의 뜻을 물었고, 글을 모르시는 육조께서는 법화경의 바른 뜻을 설파하셔서 법달을 깨닫게 하신 것이다.
  그런데 하루는 본인에게 법을 물으러 다니시던 부산의 목원 하상욱 본연님이 오셔서 시중에 나온 전등록 번역본 두세 가지를 보이시며 범인인 당신에게도 부처님과 조사님들의 본래 뜻에 맞지 않는 대문이 군데군데 눈에 뜨인다며 바른 의역의 필요성을 절감한다고 하셨다. 그 후로 전등록 번역을 바로 해주십사 하는 간청이 지극하여 비록 단문하나 이 일을 시작하게 되었다.
  부처님과 조사님들의 근본 뜻에 어긋남이 없게 하기 위해 노력하였으나 약속한 기간 내에 해내기란 실로 벅찬 일이어서 혹시 미비한 점이 없지 않으리니 강호 제현의 좋은 지적이 있기를 바란다.

불법(佛法)이란 본자연(本自然)이라 누가 설(說)하고 누가 듣고 배울 자리요만 그렇지 못한 이가 또한 있어서 부처님과 조사님들의 허물이 생기는 것이다.

어떤 것이 부처인고?
화분의 빨간 장미니라.

이 가운데 남전(南泉) 뜰꽃 도리(道理)며 한산(寒山) 습득(拾得)의 웃음을 누릴진저.

단기(檀紀) 4354년
불기(佛紀) 3048년
서기(西紀) 2021년

무등산인 농선 대원 분향근서
(無等山人 弄禪 大圓 焚香謹書)

양억(楊億)의 경덕전등록 서문

　석가모니께서 일찍이 연등 부처님의 수기를 받아, 현겁(賢劫)의 보처(補處)가 되어 이 땅에 탄강하시고 법을 펴서 교화하시기가 49년이었으니 방편과 진리, 돈오(頓悟)와 점수(漸修)의 문호를 여시고, 헤아릴 수 없이 많은 다양한 교법을 내려 주셨다.
　근기(根機)에 따라 진리를 깨닫게 하신 데서 삼승(三乘)의 차별이 생겼으니, 사물에 접하는 대로 중생을 이롭게 하여 한량없는 중생을 제도하셨다. 그 자비는 넓고 컸으며 그 법식(法式)은 두루 갖추어져 있었다.
　쌍림(雙林)에서 열반에 드실 때 가섭(迦葉)에게만 유촉하신 것이 차츰차츰 전하여 달마에 이르러서 비로소 문자를 세우지 않고 마음의 근원을 곧바로 보이게 되었으니, 차례를 밟지 않고 당장에 부처의 경지에 오르게 되어 다섯 잎[1]이 비로소 무성하고 천 개의 등불[2]이 더욱 찬란하여서, 보배 있는 곳에 이른 이는 더욱 많고, 법의 바퀴를 굴린 이도 하나가 아니었다.
　부처님께서 부촉하신 종지와 정법안장(正法眼藏)이 유통되는 도리는 교리 밖에서 따로 행해지는 불가사의(不可思議)한 것이다.
　태조(太祖)께서 거룩하신 무력으로 전란을 진압하신 뒤에 사찰을 숭상하여 제도의 문을 활짝 여셨고, 태종(太宗)께서 밝으신 변재로 비밀한 법을 찬술하시어 참된 이치를 높이셨으며, 황상(皇上)[3]께서 높으신 학덕으로 조사의 뜻을 이어 거룩한 가르침에 머릿말을 쓰셔 종풍(宗風)을 잇게 하시니, 구름 같은 문장이 진리의 하늘에 빛나고, 부처의 황금같은 설법

---

1) 다섯 잎 : 중국 선종의 2조 혜가로부터 6조 혜능에 이르는 다섯 조사를 말한다.
2) 천 개의 등불 : 중국에 선법(禪法)이 전해진 이후 등장한 수많은 견성도인들을 말한다.
3) 황상(皇上) : 송의 진종(眞宗)을 말한다.

이 깨달음의 동산에 펼쳐졌다.

대장경의 말씀에 비밀히 계합하고, 인도로부터의 법맥이 번창하니, 뭇 선행을 늘리는 이가 더욱 많아졌고, 요의(了義)[4]를 전하는 사람들이 간간이 나타나서 원돈(圓頓)의 교화가 이 지역에 퍼졌다.

이에 동오(東吳)의 승려인 도원(道原)이 선열(禪悅)의 경지에 마음을 모으고, 불법의 진리를 샅샅이 찾으며, 여러 세대의 조사 법맥을 찾고, 제방의 어록(語錄)을 모아 그 근원과 법맥에 차례를 달고, 말씀들을 차례차례 엮되, 과거 7불로부터 대법안(大法眼)의 문도에 이르기까지 무릇 52세대, 1,701인을 수록하여 30권으로 만들어 경덕전등록이라 하여 대궐로 가지고 와서 유포해 주기를 청하였다.

황상께서는 불법을 밖으로부터 보호하고자 하시고, 승려들의 부지런함을 가상히 여겨 마음가짐을 신중히 하고 생각을 원대히 하여 좌사간(左司諫) 지제고(知制誥) 양억(楊億)과 병부원외랑(兵部員外郞) 지제고(知制誥) 이유(李維)와 태상승(太常丞) 왕서(王曙) 등을 불러 교정케 하시니, 신(臣) 등은 우매하여 삼학(三學)[5]의 근본 뜻을 모르고 5성(五性)[6]의 방편에 어두우며, 훌륭한 번역 솜씨도 없고, 비야리 성에서 보인 유마 거사의 묵연(黙然) 도리[7]에도 둔하건만 공손히 지엄하신 하명(下命)을 받들어 감히 끝내 사양하지 못하였다.

그 저술된 내용을 두루 살펴보면 대체로 진공(眞空)[8]으로써 근본을 삼고 있는, 옛 성인께서 도에 들던 인연을 서술할 때나 옛 사람이 진리를 깨달은 이야기를 표현할 때엔 근기와 인연의 계합함이 마치 활쏘기와 칼쓰

---

4) 요의(了義) : 일을 다 마친 도리, 깨달아서 깨달음마저 두지 않는 경지를 말한다.
5) 삼학(三學) : 계(戒), 정(定), 혜(慧).
6) 5성(五性) : 법상종의 용어. 일체중생의 근기를 다섯 성품으로 나누어서 성불할 근기와 성불하지 못할 근기로 나누었다.
7) 유마 거사의 묵연 도리 : 유마 거사가 비야리성에서 그를 문병하러 온 문수보살과 법담을 할 때 잠자코 말이 없음으로 불이(不二)의 도리를 드러내 보인 일을 말한다.
8) 진공(眞空) : 색(色)이니 공(空)이니를 초월해서 누리는 경지.

기가 알맞는 것 같아 지혜가 갖추어진 데서 광명을 내어, 채찍 그림자만 보고도 달리는 말과 같은 상근기자(上根機者)들에게 널리 도움이 되고 있다.

후학(後學)들을 인도함에는 현묘한 진리를 드날리고 있고, 다른 이야기를 가져올 때에는 출처를 밝히고 있으며, 다듬어지지 않은 부분도 많으나 훌륭한 부분도 찾아볼 수 있었다. 모든 대사들이 대중에게 도리를 보일 때에 한결같은 소리로 펼쳐 보이고 있으니 영특한 이가 귀를 기울여 듣는다면 무수한 성인들이 증명한다 할 것이다. 개괄해서 들추어도 그것이 바탕이어서 한군데만 취해도 그대로가 옳다.

만일 별달리 더 붓을 댄다면 그 돌아갈 뜻을 잃을 것이다. 중국과 인도에서의 말이 이미 다르지 않은데 자칫하면 구슬에다 무늬를 새기려다 보배에 흠집을 낼 우려가 있기에, 이런 종류는 모두 그대로 두었다. 더욱이 일은 실제로 행한 것만을 취해 기록하여 틀림없이 잘 서술했으나 말이란 오래도록 남아 전해지는 까닭에 전혀 문장을 다듬지 않을 수는 없었다.

어떤 사연을 기록할 때엔 그 자취를 자세히 하였고 말이 복잡해지거나 이야기가 저속한 것이 있으면 모두 삭제하되 문맥이 통하게 하였다.

유교(儒敎)의 대신이나 거사(居士)의 문답에 이르러 벼슬자리와 성씨가 드러난 이는 연대와 역사에 비추어 잘못을 밝히고, 사적(史籍)에 따라 틀린 점을 바로잡아 믿을 만한 전기가 되게 하였다.

만일 바늘을 던져 맞추듯 한 치의 어긋남 없이 도리를 밝히는 일이 아니거나, 번갯불이 치듯 빠른 기틀을 내보이는 일이 아니거나, 묘하게 밝은 참 마음을 보이는 일이 아니거나, 고(苦)와 공(空)의 깊은 이치를 조사(祖師)의 뜻 그대로 기술(記述)하는 일이 아니라면, 어떻게 등불을 전한다는 전등(傳燈)이라는 비유에 계합(契合)하는 그 극진한 공덕을 베풀 수 있었겠는가?

만일 감응(感應)한 징조만을 서술하거나 참문하고 행각한 자취만을 기록한다 할 것 같으면 이는 이미 승사(僧史)에 밝혀져 있는 것이니, 어찌서 선가(禪家)의 말씀을 굳이 취하겠는가? 세대와 계보의 명칭을 남긴 것만이 아니라 스승과 제자가 이어지는 근거를 널리 기록하였다.

그러나 옛날 책에 실린 것을 보면 잘 다듬어지지 않은 내용을 수록하고 잘 다듬어진 것은 버린 일이 있는데, 다른 기록에 남아 있으면 해당하는 문장을 찾아 보완하고, 더욱 널리 찾아서 덧붙이기도 하였다. 또한 서문과 논설에 이르러 혹 옛 조사(祖師)의 문장이 아닌 것이 사이사이 섞이어 공연히 군소리가 되었으면 모두 간추려서 다 깎아버렸으니, 이같이 하여 1년 만에 일이 끝났다.

저희 신(臣)들은 성품과 식견이 우둔하고, 학문이 넓지 못하고, 기틀이 본래 얕고, 문장력은 부족하여 묘한 도리가 사람에게 달렸다고는 하나 마음에서 떠난 지 오래되고 깊은 진리를 나타내는 말이 세속에서 단절되어, 담벽을 마주한 듯 갑갑하게 지낸 적이 많았다. 과분하게도 추천해 주시는 은혜를 받았으나 아무 힘도 발휘하지 못했다. 편찬하는 일이 이미 끝났으므로 이를 임금님께 바친다. 그러나 임금님의 뜻에 맞지 않아, 임금님께서 거룩히 살펴보시는 데에 공연히 누만 끼치는 것이 아닌가 한다. 삼가 바친다.

한림학사조산대부행좌사간지제고동
수국사판사관사주국남양군개국후식읍
1천백호사자금어대신 양억 지음

景德傳燈錄序 昔釋迦文。以受然燈之夙記當賢劫之次補。降神演化四十九年。開權實頓漸之門。垂半滿偏圓之教。隨機悟理。爰有三乘之差。接物利生。乃度無邊之眾。其悲濟廣大矣。其軌式備具矣。而雙林入滅。獨顧於飲光。屈眴相傳。首從於達磨。不立文字直指心源。不踐階梯徑登佛地。逮五葉而始盛。分千燈而益繁。達寶所者蓋多。轉法輪者非一。蓋大雄付囑之旨。正眼流通之道。教外別行不可思議者也。

聖宋啟運人靈幽贊。太祖以神武戡亂。而崇淨刹。闢乎門。太宗以欽明禦辯。而述祕詮。暢真諦。皇上睿文繼志而序聖教繹宗風。煥雲章於義天。振金聲於覺苑。蓮藏之言密契。竺乾之緖克昌。殖眾善者滋多。傳了義者間出。圓頓之化流於區域。有東吳僧道原者。冥心禪悅。索隱空宗。披弈世之祖圖。采諸方之語錄。次序其源派。錯綜其辭句。由七佛以至大法眼之嗣。凡五十二世。一千七百一人。成三十卷。目之曰景德傳燈錄。詣闕奉進冀於流布。

皇上爲佛法之外護。嘉釋子之勤業。載懷重慎。思致悠久。乃詔翰林學士左司諫知制誥臣楊億。兵部員外郎知制誥臣李維。太常丞臣王曙等。同加刊削。俾之裁定。臣等昧三學之旨迷五性之方。乏臨川翻譯之能。慴毘邪語默之要。恭承嚴命。不敢牢讓。竊用探索匪遑寧居。考其論譔之意。蓋以真空爲本。將以述曩聖入道之因。標昔人契理之說。機緣交激。若拄於箭鋒。智藏發光。旁資於鞭影。

誘道後學。敷暢玄猷。而捃摭之來。徵引所出。糟粕多在。油素可尋。其有大士。示徒。以一音而開演。含靈聳聽。乃千聖之證明。屬概舉之是資。取少分而斯可。若乃別加潤色失其指歸。既非華竺之殊言。頗近錯雕之傷寶。如此之類悉仍其舊。況又事資紀實。必由於善敘。言以行遠。非可以無文。其有標錄事緣。縷詳軌跡。或辭條之紛糾。或言筌之猥俗。並從刊削。俾之綸貫。

至有儒臣居士之問答。爵位姓氏之著明。校歲歷以愆殊。約史籍而差謬。鹹用刪去。以資傳信。自非啟投針之玄趣。馳激電之迅機。開示妙明之真心。祖述苦空之深理。即何以契傳燈之喻。施刮膜之功。若乃但述感應之徵符。專敘參遊之轍跡。此已標於僧史。亦奚取於禪詮。聊存世系之名。庶紀師承之自然而舊錄所載。或掇粗而遺精。別集具存。當尋文而補闕。率加采擷。爰從附益。逮於序論之作。或非古德之文。問廁編聯徒增楦釀（楦釀二字出唐張燕公文集。謂冗長也）亦用簡刋多所屏去。汔茲周歲方遂終篇。臣等性識媿於冥煩。學問慚於涉獵。天機素淺。文力無餘。妙道在人。雖刳心而斯久。玄言絕俗。固牆面以居多。濫膺推擇之私。靡著發揮之效。已克終於紬繹。將仰奉於清間。莫副宸襟空塵睿覽。謹上。

翰林學士朝散大夫行左司諫知制誥同
修國史判史館事柱國南陽郡開國侯食邑
一千百戶賜紫金魚袋臣楊億 撰

승려 희위(希渭)의 경덕전등록 재발간사

호주로(湖州路) 도량산(道場山) 호성만세선사(護聖萬歲禪寺)의 늙은 중 희위(希渭)는 본관이 경원로(慶元路) 창국주(昌國州)이며 성은 동(董)씨다.

어릴 때부터 고향의 성에 있는 관음선사(觀音禪寺)에 가서 절조(絶照) 화상을 스승으로 삼았고, 법명(法名)을 받게 되어 자계현(慈溪懸) 개수(開壽)의 보광선사(普光禪寺)에 가서 용원(龍源) 화상에 의해 머리를 깎고 중이 되었다.

그대로 오대율사(五臺律寺)로 가서 설애(雪涯) 화상에게 구족계를 받은 뒤에 짐을 꾸려 서쪽으로 향해 행각을 떠나 수행을 하다가 나중에 다시 은사이신 용원 화상을 만나 이 산으로 옮겨 왔다.

스승을 따라 배움에 참여하고 이로움을 구한 지 벌써 여러 해가 되었다. 항상 스승의 은혜를 생각하면서도 갚을 기회가 없었다. 그런데 삼가 윗대로부터의 부처와 조사들을 수록한 경덕전등록 30권을 보니 7불로부터 법안(法眼)의 법사(法嗣)에 이르기까지 전부 52세대(世代)인데, 경덕(景德)에서 연우(延祐) 병진년에 이르기까지 317년이나 지나서 옛 판본이 다 썩어버려 남아있지 않기 때문에 후학들이 보고 싶어도 볼 수가 없었다. 이에 발심하여 다시 간행한다.

홀연히 내 고향에 있는 천성선사(天聖禪寺)의 송려(松廬) 화상이 소장하고 있던, 여산(廬山)의 은암(隱庵)에서 찍은 옛 책이 가장 보존이 잘 된 상태로 입수되었는데, 아주 내 마음에 들었다. 마침내 병진(丙辰)년 정월 10일에 의발 등속을 모두 팔아 1만 2천여 냥을 얻었다. 그날 당장에 공인(工人)에게 간행할 것을 명하여 조사의 도리가 세상에 유포되게 하였다. 이 책은 모두 36만 7천 9백 17자이다. 그해 음력 12월 1일에야 공인의 작업이 끝났다.

당장에 300부를 인쇄하여 전당강(錢塘江) 남북지역과 안중(安衆)지역[9]의 여러 명산(名山)의 방장(方丈)[10]과 몽당(蒙堂)[11]과 여러 요사(寮舍)[12]에 한 부씩을 비치케 하여 온 세상의 도를 분변(分辨)하는 참선납자(參禪衲子)들이 참구하기에 편하도록 하였다. 이를 잘 이용하여 사은(四恩)[13]을 갚고 아울러 삼유(三有)의 중생[14]에게도 도움이 되기 바란다.

                      대원(大元) 연우(延祐) 3년[15] 음력 12월 1일
                      늙은 중 희위(希渭)가 삼가 쓰고
                      젊은 비구 문아(文雅)가 간행을 감독하고
                      주지 비구 사순(士洵)이 간행하다.

---

9) 두 지역은 희위 스님의 고향인 호주(湖州)와 비교적 인접한 지역들이다.
10) 방장(方丈) : 절의 주지가 거처하는 방. 지금은 견성한 이가 아니더라도 주지를 맡고 있으나 그 당시에는 견성한 도인이라야 그 절의 주지를 맡았다. 따라서 방장에는 대체로 법이 높은 스님이 기거하는 경우가 대부분이었다.
11) 몽당(蒙堂) : 승사(僧寺)의 일에서 물러난 사람이 거처하는 방.
12) 요사(寮舍) : 절에서 대중이 숙식하는 방.
13) 사은(四恩) : 보시(布施), 자애(慈愛), 화도(化導), 공환(共歡)의 네가지 시은(施恩), 또는 부모(父母), 중생(衆生), 국왕(國王), 삼보(三寶)의 네가지 지은(知恩).
14) 삼유(三有)의 중생 : 욕계(慾界), 색계(色界), 무색계(無色界)의 삼계(三界)를 유전하는 미혹한 중생.
15) 서기 1316년.

차 례

서문 35
양억(楊億)의 경덕전등록 서문 37
승려 희위(希渭)의 경덕전등록 재발간사 42
일러두기 52
23권 법계보 53

청원(靑原) 행사(行思) 선사의 7세 법손(法孫) 67

길주(吉州) 청원산(靑原山) 행사(行思) 선사의 제7세
소주(韶州) 운문산(雲門山) 문언(文偃) 선사의 법손 69
   남악(南嶽) 반야사(般若寺) 계유(啓柔) 선사 69
   균주(筠州) 황벽산(黃檗山) 법제(法濟) 선사 72
   양주(襄州) 동산(洞山) 수초(守初) 종혜(宗慧) 대사 74
   신주(信州) 강국(康國) 요(耀) 화상 83

담주(潭州) 곡산(谷山) 풍(豊) 선사　85
영주(潁州) 나한(羅漢) 광계(匡界) 선사　87
낭주(朗州) 창계(滄谿) 인(璘) 화상　90
균주(筠州) 동산(洞山) 보리원(普利院) 청품(淸稟)선사(제8세 주지)　93
기주(蘄州) 북선(北禪) 적(寂) 화상 오통(悟通) 대사　97
홍주(洪州) 늑담(泐潭) 도겸(道謙) 선사　99
여주(廬州) 남천왕(南天王) 영평(永平) 선사　101
조남(潮南) 영안(永安) 낭(朗) 선사　104
호남(湖南) 담명(潭明) 화상　106
금릉(金陵) 청량(淸涼) 명(明) 선사　108
금릉(金陵) 봉선(奉先) 심(深) 선사　110
서천(西川) 청성(靑城) 대면산(大面山) 승(乘) 화상　112
노부(潞府) 묘승(妙勝) 진(臻) 선사　114
흥원부(興元府) 보통(普通) 봉(封) 화상　117
소주(韶州) 등봉(燈峯) 정원(淨原) 화상　119
소주(韶州) 대범(大梵) 원(圓) 화상　121
예주(澧州) 약산(藥山) 원광(圓光) 선사　123
신주(信州) 아호산(鵝湖山) 운진(雲震) 선사　126
여산(廬山) 개선(開先) 청요(淸耀) 선사　129
양주(襄州) 봉국(奉國) 청해(淸海) 선사　132
소주(昭州) 자광(慈光) 화상　135
담주(潭州) 보안(保安) 사밀(師密) 선사　137

앞의 태주(台州) 서암(瑞巖) 사언(師彦) 선사의 법손 139
    남악(南嶽) 횡룡(橫龍) 화상 139
    온주(溫州) 온령(溫嶺) 서봉원(瑞峯院) 신록(神祿) 선사 142

앞의 회주(懷州) 현전(玄泉) 언(彦) 선사의 법손 145
    악주(鄂州) 황룡산(黃龍山) 회기(晦機) 선사 145
    낙경(洛京) 백곡(柏谷) 화상 151
    지주(池州) 화룡(和龍) 화상 153
    회주(懷州) 현전(玄泉) 화상(제2세 주지) 155
    노부(潞府) 묘승(妙勝) 현밀(玄密) 선사 157

앞의 복주(福州) 나산(羅山) 도한(道閑) 선사의 법손 160
    홍주(洪州) 대녕원(大寧院) 은미(隱微) 선사 160
    무주(婺州) 명초(明招) 덕겸(德謙) 선사 166
    형주(衡州) 화광(華光) 범(範) 선사 179
    복주(福州) 나산(羅山) 소자(紹孜) 선사 182
    서천(西川) 혜(慧) 선사 184
    건주(建州) 백운(白雲) 영엄(令弇) 화상 187
    건주(虔州) 천축(天竺) 의징(義澄) 상진(常眞) 선사 190
    길주(吉州) 청평(清平) 유광(惟曠) 진적(眞寂) 선사 193
    무주(婺州) 금주(金柱) 의소(義昭) 화상 196
    담주(潭州) 곡산(谷山) 화상 199
    호남(湖南) 유양(瀏陽) 도오산(道吾山) 종성(從盛) 선사 201
    복주(福州) 나산(羅山) 의인(義因) 선사 204

관주(灌州) 영암(靈巖) 화상 207
길주(吉州) 광산(匡山) 화상 210
복주(福州) 홍성(興聖) 중만(重滿) 선사 213
담주(潭州) 보응(寶應) 청진(淸進) 선사 215

앞의 안주(安州) 백조산(白兆山) 지원(志圓) 선사의 법손 217
낭주(朗州) 대룡산(大龍山) 지홍(智洪) 홍제(弘濟) 대사 217
양주(襄州) 백마산(白馬山) 행애(行靄) 선사 220
영주(郢州) 대양산(大陽山) 행충(行沖) 선사(제1세 주지) 222
안주(安州) 백조산(白兆山) 축건원(竺乾院) 회초(懷楚)선사(제2세 주지) 224
기주(蘄州) 사조산(四祖山) 청교(淸皎) 선사 226
기주(蘄州) 삼각산(三角山) 지조(志操) 선사(제3세 주지) 229
진주(晉州) 흥교(興敎) 사보(師普) 선사 231
기주(蘄州) 삼각산(三角山) 진감(眞鑒) 선사(제4세 주지) 234

앞의 담주(潭州) 등하(藤霞) 화상의 법손 236
예주(澧州) 약산(藥山) 화상(제7세 주지) 236

앞의 담주(潭州) 운개산(雲蓋山) 경(景) 화상의 법손 239
형악(衡嶽) 남대사(南臺寺) 장(藏) 선사 239
유주(幽州) 담자수(潭柘水) 종실(從實) 선사 242
담주(潭州) 운개산(雲蓋山) 증각(證覺) 선사 244

앞의 여산(廬山) 귀종(歸宗) 회운(懷惲) 선사의 법손 246
  귀종사(歸宗寺) 홍장(弘章) 선사(제4세 주지) 246

앞의 지주(池州) 혜산(稽山) 장(章) 선사의 법손 249
  수주(隨州) 쌍천산(雙泉山) 도건(道虔) 선사 249

앞의 홍주(洪州) 운거(雲居) 제4세 회악(懷岳) 선사의 법손 252
  양주(揚州) 풍화원(風化院) 영숭(令崇) 선사(제1세 주지) 252
  예주(澧州) 약산(藥山) 충언(忠彦) 선사(제8세 주지) 255
  재주(梓州) 용전(龍泉) 화상 257

앞의 균주(筠州) 동산(洞山) 도연(道延) 선사의 법손 259
  균주(筠州) 상람원(上藍院) 경(慶) 선사 259

앞의 양주(襄州) 녹문산(鹿門山) 처진(處眞) 선사의 법손 262
  익주(益州) 숭진(崇眞) 화상 262
  양주(襄州) 녹문산(鹿門山) 제2세 담(譚) 화상 지행(志行) 대사 264
  양주(襄州) 곡은(谷隱) 지정(智靜) 오공(悟空) 대사 267
  여산(廬山) 불수암(佛手巖) 행인(行因) 선사 270

앞의 무주(撫州) 조산(曹山) 제2세 혜하(慧霞) 선사의 법손 273
  가주(嘉州) 동정(東汀) 화상 273

앞의 화주(華州) 초암(草庵) 법의(法義) 선사의 법손 275
천주(泉州) 구양(龜洋) 혜충(慧忠) 선사 275

앞의 양주(襄州) 함주산(含珠山) 심철(審哲) 선사의 법손 280
양주(洋州) 용혈산(龍穴山) 화상 280
당주(唐州) 대승산(大乘山) 화상 282
양주(襄州) 봉산(鳳山) 연경원(延慶院) 귀효(歸曉) 혜광(慧廣) 대사 284
양주(襄州) 함주산(含珠山) 진(眞) 화상(제3세 주지) 286

앞의 봉상부(鳳翔府) 자릉(紫陵) 광일(匡一) 대사의 법손 288
병주(幷州) 광복(廣福) 도은(道隱) 선사 288
자릉(紫陵) 미(微) 선사(제2세 주지) 290
흥원부(興元府) 대랑(大浪) 화상 292

앞의 홍주(洪州) 봉서산(鳳棲山) 동안(同安) 위(威) 선사의 법손 294
진주(陳州) 석경(石鏡) 화상 294

앞의 양주(襄州) 석문산(石門山) 헌(獻) 선사의 법손 296
석문산(石門山) 건명사(乾明寺) 혜철(慧徹) 선사(제2세 주지) 296

양주(襄州) 만동산(萬銅山) 광덕(廣德) 의(義) 화상의 법손 300
양주(襄州) 광덕(廣德) 연(延) 화상(제2세 주지) 300

앞의 수주(隨州) 수성산(隨城山) 호국(護國) 수징(守澄) 선사의 법손 305
　수주(隨州) 용거산(龍居山) 지문사(智門寺) 수흠(守欽) 원조(圓照) 대사　305
　수성산(隨城山) 호국(護國) 지원(知遠) 연화(演化) 대사(제2세 주지)　308
　안주(安州) 대안산(大安山) 능(能) 화상 숭교(崇敎) 대사　310
　영주(潁州) 천복원(薦福院) 사(思) 선사　312
　담주(潭州) 연수(延壽) 화상　314
　수성산(隨城山) 호국(護國) 지랑(志朗) 원명(圓明) 대사(제3세 주지)　316

앞의 기주(蘄州) 오아산(烏牙山) 언빈(彦賓) 선사의 법손 318
　안주(安州) 대안산(大安山) 흥고(興古) 선사　318
　기주(蘄州) 오아산(烏牙山) 행랑(行朗) 선사　320

앞의 봉상부(鳳翔府) 청봉(青峯) 화상의 법손 322
　서천(西川) 영감(靈龕) 화상　322
　경조(京兆) 자각산(紫閣山) 단기(端己) 선사　324
　방주(房州) 개산(開山) 회주(懷晝) 선사　326
　유주(幽州) 전법(傳法) 화상　328
　익주(益州) 정중사(淨衆寺) 귀신(歸信) 선사　330
　청봉산(靑峯山) 청면(淸免) 선사(제2세 주지)　332

색인표　334

일러두기

1. 대만에서 펴낸 『경덕전등록(景德傳燈錄)』(宋釋道原 編, 新文豐出版公司, 民國 75년, 1986년)에 의거해서 번역했으며 누락된 부분 없이 완역하였다.
2. 농선 대원 선사가 각 선사장마다 선리의 토끼뿔을 더하여 닦아 증득하는 데 도움이 되도록 하였다.
3. 뜻이 통하지 않는데도 오자가 아닐 때는 옛 한문 사전에서 그 조사 당시에 그 글자가 어떻게 쓰였는가를 찾아 번역하였다. 예를 들어 '還'자가 돌아올 '환'으로가 아니라 영위할 '영'으로 쓰여 뜻이 통한 경우에는 '영위하다' '누리다'로 의역하였다.
4. 선사들의 생몰연대는 여러 기록된 내용이 일치하지 않거나 미상으로 되어 있는 바가 많아, 각 선사 당시의 나라와 왕의 연대, 불교의 상황 등을 역사학자들이 전문적으로 연구하여 밝혀야 할 부분이 있기에, 이 책에서는 여러 자료와 연구 결과가 일치된 내용만을 주에서 표기하였다.
5. 첨가한 주의 내용은 불교에 대한 지식이 없는 이들도 선문답을 참구해 가는데 도움이 되도록 간략하게 달았으며, 주의 내용에 따라서는 사전적인 뜻보다는 선리(禪理)로서 그 뜻을 밝혀 마음에 비추어 참구할 수 있도록 하였다.

23권 법계보

길주(吉州) 청원산(靑原山) 행사(行思) 선사의 제7세 279인 중 152인

소주(韶州) 운문산(雲門山) 문언(文偃) 선사의 법손 61인 중 36인
- 남악(南嶽) 반야사(般若寺) 계유(啓柔) 선사
- 균주(筠州) 황벽산(黃檗山) 법제(法濟) 선사
- 양주(襄州) 동산(洞山) 수초(守初) 종혜(宗慧) 대사
- 신주(信州) 강국(康國) 요(耀) 화상
- 담주(潭州) 곡산(谷山) 풍(豊) 선사
- 영주(潁州) 나한(羅漢) 광계(匡界) 선사
- 낭주(朗州) 창계(滄谿) 인(璘) 화상
- 균주(筠州) 동산(洞山) 보리원(普利院) 청품(淸稟) 선사 (제8세 주지)
- 기주(蘄州) 북선(北禪) 적(寂) 화상 오통(悟通) 대사
- 홍주(洪州) 늑담(泐潭) 도겸(道謙) 선사
- 여주(廬州) 남천왕(南天王) 영평(永平) 선사
- 호남(湖南) 영안(永安) 낭(朗) 선사
- 호남(湖南) 담명(潭明) 화상
- 금릉(金陵) 청량(淸凉) 명(明) 선사
- 금릉(金陵) 봉선(奉先) 심(深) 선사
- 서천(西川) 청성(靑城) 대면산(大面山) 승(乘) 화상
- 노부(潞府) 묘승(妙勝) 진(臻) 선사

23권 법계보

- 홍원부(興元府) 보통(普通) 봉(封) 화상
- 소주(韶州) 등봉(燈峯) 정원(淨原) 화상
- 소주(韶州) 대범(大梵) 원(圓) 화상
- 예주(澧州) 약산(藥山) 원광(圓光) 선사
- 신주(信州) 아호산(鵝湖山) 운진(雲震) 선사
- 여산(廬山) 개선(開先) 청요(淸耀) 선사
- 양주(襄州) 봉국(奉國) 청해(淸海) 선사
- 소주(昭州) 자광(慈光) 화상
- 담주(潭州) 보안(保安) 사밀(師密) 선사

  (이상 26인은 본문에 기록되어 있다. 원주)

- 홍주(洪州) 운거산(雲居山) 융(融) 선사
- 형주(衡州) 대성사(大聖寺) 수현(守賢) 선사
- 여주(廬州) 북천왕(北天王) 휘(徽) 선사
- 영주(郢州) 파초산(芭蕉山) 홍의(弘義) 선사
- 미주(眉州) 복화원(福化院) 광(光) 선사
- 여주(廬州) 동천왕(東天王) 광자(廣慈) 선사
- 신주(信州) 서선(西禪) 흠(欽) 선사
- 강주(江州) 경운(慶雲) 진(眞) 선사
- 균주(筠州) 동산(洞山) 품(稟) 선사
- 소주(韶州) 쌍봉(雙峯) 혜진(慧眞) 선사

  (이상 10인은 본문에 기록되어 있지 않다. 원주)

23권 법계보

수주(隨州) 쌍천산(雙泉山) 영(永) 선사의 법손 1인
- 광주(廣州) 대통(大通) 화상

(이상 1인은 본문에 기록되어 있지 않다. 원주)

태주(台州) 서암(瑞巖) 사언(師彦) 선사의 법손 2인
- 남악(南嶽) 횡룡(橫龍) 화상
- 온주(溫州) 온령(溫嶺) 서봉원(瑞峯院) 신록(神祿) 선사

(이상 2인은 본문에 기록되어 있다. 원주)

회주(懷州) 현전(玄泉) 언(彦) 선사의 법손 5인
- 악주(鄂州) 황룡산(黃龍山) 회기(晦機) 선사
- 낙경(洛京) 백곡(柏谷) 화상
- 지주(池州) 화룡(和龍) 화상
- 회주(懷州) 현전(玄泉) 화상(제2세 주지)
- 노부(潞府) 묘승(妙勝) 현밀(玄密) 선사

(이상 5인은 본문에 기록되어 있다. 원주)

복주(福州) 나산(羅山) 도한(道閑) 선사의 법손 19인
- 홍주(洪州) 대녕원(大寧院) 은미(隱微) 선사
- 무주(婺州) 명초(明招) 덕겸(德謙) 선사
- 형주(衡州) 화광(華光) 범(範) 선사

23권 법계보

- 복주(福州) 나산(羅山) 소자(紹孜) 선사
- 서천(西川) 혜(慧) 선사
- 건주(建州) 백운(白雲) 영엄(令弇) 선사
- 건주(虔州) 천축(天竺) 의징(義澄) 상진(常眞) 선사
- 길주(吉州) 청평(淸平) 유광(惟曠) 진적(眞寂) 선사
- 무주(婺州) 금주(金柱) 의소(義昭) 화상
- 담주(潭州) 곡산(谷山) 화상
- 호남(湖南) 유양(瀏陽) 도오산(道吾山) 종성(從盛) 선사
- 복주(福州) 나산(羅山) 의인(義因) 선사
- 관주(灌州) 영암(靈巖) 화상
- 길주(吉州) 광산(匡山) 화상
- 복주(福州) 홍성(興聖) 중만(重滿) 선사
- 담주(潭州) 보응(寶應) 청진(淸進) 선사

  (이상 16인은 본문에 기록되어 있다. 원주)

- 한주(漢州) 면죽현(綿竹縣) 정혜(定慧) 선사
- 담주(潭州) 용회산(龍會山) 감(鑒) 선사
- 안주(安州) 목(穆) 선사

  (이상 3인은 본문에 기록되어 있지 않다. 원주)

안주(安州) 백조산(白兆山) 지원(志圓) 선사의 법손 13인

- 낭주(朗州) 대룡산(大龍山) 지홍(智洪) 홍제(弘濟) 선사

23권 법계보

- 양주(襄州) 백마산(白馬山) 행애(行靄) 선사
- 영주(郢州) 대양산(大陽山) 행충(行沖) 선사(제1세 주지)
- 안주(安州) 백조산(白兆山) 축건원(竺乾院) 회초(懷楚) 선사 (제2세 주지)
- 기주(蘄州) 사조산(四祖山) 청교(淸皎) 선사
- 기주(蘄州) 삼각산(三角山) 지조(志操) 선사(제3세 주지)
- 진주(晉州) 홍교(興敎) 사보(師普) 선사
- 기주(蘄州) 삼각산(三角山) 진감(眞鑒) 선사(제4세 주지)
  (이상 8인은 본문에 기록되어 있다. 원주)
- 영주(郢州) 흥양산(興陽山) 화상
- 침주(郴州) 동선(東禪) 현해(玄偕) 선사
- 신라국(新羅國) 혜운(慧雲) 선사
- 안주(安州) 혜일원(慧日院) 현악(玄諤) 선사
- 경조(京兆) 대진사(大秦寺) 언빈(彦賓) 선사
  (이상 5인은 본문에 기록되어 있지 않다. 원주)

담주(潭州) 등하(藤霞) 화상의 법손 2인
- 예주(澧州) 약산(藥山) 화상(제7세 주지)
  (이상 1인은 본문에 기록되어 있다. 원주)
- 담주(潭州) 운개산(雲蓋山) 화상
  (이상 1인은 본문에 기록되어 있지 않다. 원주)

23권 법계보

홍주(洪州) 봉서산(鳳棲山) 동안(同安) 상찰(常察) 선사의 법손 1인
- 원주(袁州) 앙산(仰山) 양공(良供) 선사

   (이상 1인은 본문에 기록되어 있지 않다. 원주)

길주(吉州) 화산(禾山) 무은(無殷) 선사의 법손 5인
- 여산(廬山) 영안(永安) 혜도(慧度) 선사
- 무주(撫州) 조산(曹山) 의숭(義崇) 선사
- 길주(吉州) 화산(禾山) 계운(契雲) 선사
- 장주(漳州) 보복(保福) 화상
- 홍주(洪州) 취암(翠巖) 사음(師陰) 선사

   (이상 5인은 본문에 기록되어 있지 않다. 원주)

담주(潭州) 운개산(雲蓋山) 경(景) 화상의 법손 3인
- 형악(衡嶽) 남대사(南臺寺) 장(藏) 선사
- 유주(幽州) 담자수(潭柘水) 종실(從實) 선사
- 담주(潭州) 운개산(雲蓋山) 증각(證覺) 선사

   (이상 3인은 본문에 기록되어 있다. 원주)

여산(廬山) 귀적사(歸寂寺) 담권(澹權) 선사의 법손 2인
- 악주(鄂州) 황룡(黃龍) 온(蘊) 화상
- 수주(壽州) 박산(泊山) 화상

23권 법계보

(이상 2인은 본문에 기록되어 있지 않다. 원주)

여산(廬山) 귀종사(歸宗寺) 회운(懷惲) 선사의 법손 2인
- 귀종사(歸宗寺) 홍장(弘章) 선사(제4세 주지)
  (이상 1인은 본문에 기록되어 있다. 원주)
- 귀종사(歸宗寺) 암밀(巖密) 선사
  (이상 1인은 본문에 기록되어 있지 않다. 원주)

지주(池州) 혜산(秱山) 장(章) 선사의 법손 1인
- 수주(隨州) 쌍천산(雙泉山) 도건(道虔) 선사
  (이상 1인은 본문에 기록되어 있다. 원주)

홍주(洪州) 운거산(雲居山) 제4세 회악(懷岳) 선사의 법손 5인
- 양주(揚州) 풍화원(風化院) 영숭(令崇) 선사(제1세 주지)
- 예주(澧州) 약산(藥山) 충언(忠彦) 선사(제8세 주지)
- 재주(梓州) 용전(龍泉) 화상
  (이상 3인은 본문에 기록되어 있다. 원주)
- 운거산(雲居山) 주연(住緣) 화상
- 운거산(雲居山) 주만(住滿) 화상
  (이상 2인은 본문에 기록되어 있지 않다. 원주)

23권 법계보

무주(撫州) 하옥산(荷玉山) 광혜(光慧) 선사의 법손 1인
- 하옥산(荷玉山) 복(福) 선사
  (이상 1인은 본문에 기록되어 있지 않다. 원주)

균주(筠州) 동산(洞山) 도연(道延) 선사의 법손 2인
- 균주(筠州) 상람원(上藍院) 경(慶) 선사
  (이상 1인은 본문에 기록되어 있다. 원주)
- 동산(洞山) 민(敏) 선사(제5세 주지)
  (이상 1인은 본문에 기록되어 있지 않다. 원주)

무주(撫州) 금봉(金峯) 종지(從志) 대사의 법손 2인
- 홍주(洪州) 대녕(大寧) 신강(神降) 선사
- 예주(澧州) 약산(藥山) 언(彦) 선사
  (이상 2인은 본문에 기록되어 있지 않다. 원주)

양주(襄州) 녹문산(鹿門山) 처진(處眞) 선사의 법손 6인
- 익주(益州) 숭진(崇眞) 화상
- 양주(襄州) 녹문산(鹿門山) 담(譚) 화상 지행(志行) 대사(제2세 주지)
- 양주(襄州) 곡은(谷隱) 지정(智靜) 오공(悟空) 대사
- 여산(廬山) 불수암(佛手巖) 행인(行因) 선사

23권 법계보

(이상 4인은 본문에 기록되어 있다. 원주)

- 양주(襄州) 영계산(靈谿山) 명(明) 선사
- 홍주(洪州) 대안사(大安寺) 진(眞) 상좌

(이상 2인은 본문에 기록되어 있지 않다. 원주)

무주(撫州) 조산(曹山) 제2세 혜하(慧霞) 선사의 법손 3인

- 가주(嘉州) 동정(東汀) 화상

(이상 1인은 본문에 기록되어 있다. 원주)

- 웅주(雄州) 화엄(華嚴) 정혜(正慧) 대사
- 천주(泉州) 초경원(招慶院) 견(堅) 상좌

(이상 2인은 본문에 기록되어 있지 않다. 원주)

화주(華州) 초암(草庵) 법의(法義) 선사의 법손 1인

- 천주(泉州) 구양(龜洋) 혜충(慧忠) 선사

(이상 1인은 본문에 기록되어 있다. 원주)

담주(潭州) 보자(報慈) 장서(藏嶼) 선사의 법손 1인

- 익주(益州) 성흥사(聖興寺) 존(存) 화상

(이상 1인은 본문에 기록되어 있지 않다. 원주)

양주(襄州) 함주산(含珠山) 심철(審哲) 선사의 법손 6인

23권 법계보

- 양주(洋州) 용혈산(龍穴山) 화상
- 당주(唐州) 대승산(大乘山) 화상
- 양주(襄州) 봉산(鳳山) 연경원(延慶院) 귀효(歸曉) 혜광(慧廣) 대사
- 양주(襄州) 함주산(含珠山) 진(眞) 화상(제3세 주지)

  (이상 4인은 본문에 기록되어 있다. 원주)

- 함주산(含珠山) 장(璋) 선사
- 함주산(含珠山) 언(偃) 화상(제2세 주지)

  (이상 2인은 본문에 기록되어 있지 않다. 원주)

봉상부(鳳翔府) 자릉(紫陵) 광일(匡一) 대사의 법손 3인

- 병주(幷州) 광복(廣福) 도은(道隱) 선사
- 자릉(紫陵) 미(微) 선사(제2세 주지)
- 흥원부(興元府) 대랑(大浪) 화상

  (이상 3인은 본문에 기록되어 있다. 원주)

홍주(洪州) 봉서산(鳳棲山) 동안(同安) 위(威) 선사의 법손 2인

- 진주(陳州) 석경(石鏡) 화상

  (이상 1인은 본문에 기록되어 있다. 원주)

- 중동(中同) 안지(安志) 화상

  (이상 1인은 본문에 기록되어 있지 않다. 원주)

23권 법계보

양주(襄州) 석문산(石門山) 헌(獻) 선사의 법손 1인
- 석문산(石門山) 건명사(乾明寺) 혜철(慧徹) 선사(제2세 주지)

(이상 1인은 본문에 기록되어 있다. 원주)

양주(襄州) 만동산(萬銅山) 광덕(廣德) 의(義) 화상의 법손 3인
- 양주 광덕(廣德) 연(延) 화상(제2세 주지)

(이상 1인은 본문에 기록되어 있다. 원주)

- 형주(荊州) 상천(上泉) 화상
- 광덕(廣德) 주(周) 화상

(이상 2인은 본문에 기록되어 있지 않다. 원주)

경조(京兆) 향성(香城) 화상의 법손 1인
- 등주(鄧州) 나문(羅紋) 화상

(이상 1인은 본문에 기록되어 있지 않다. 원주)

항주(杭州) 서룡원(瑞龍院) 유장(幼璋) 선사의 법손 1인
- 서천(西川) 덕언(德言) 선사

(이상 1인은 본문에 기록되어 있지 않다. 원주)

수주(隨州) 수성산(隨城山) 호국(護國) 수징(守澄) 선사의 법손 8인

23권 법계보

- 수주(隨州) 용거산(龍居山) 지문사(智門寺) 수흠(守欽) 원조(圓照) 대사
- 수성산(隨城山) 호국(護國) 지원(知遠) 연화(演化) 대사(제2세 주지)
- 안주(安州) 대안산(大安山) 능(能) 화상 숭교(崇敎) 대사
- 영주(穎州) 천복원(薦福院) 사(思) 선사
- 담주(潭州) 연수(延壽) 화상
- 수성산(隨城山) 호국(護國) 지랑(志朗) 원명(圓明) 대사 (제3세 주지)
  (이상 6인은 본문에 기록되어 있다. 원주)
- 서주(舒州) 향로(香爐) 봉경(峯瓊) 화상
- 경조(京兆) 반룡산(盤龍山) 만(滿) 화상
  (이상 2인은 본문에 기록되어 있지 않다. 원주)

낙경(洛京) 영천(靈泉) 귀인(歸仁) 선사의 법손 2인
- 양주(襄州) 석문사(石門寺) 준(遵) 화상
- 영주(郢州) 대양산(大陽山) 견(堅) 화상
  (이상 2인은 본문에 기록되어 있지 않다. 원주)

경조(京兆) 영안원(永安院) 선정(善靜) 선사의 법손 1인

23권 법계보

- 대명산(大明山) 화상

  (이상 1인은 본문에 기록되어 있지 않다. 원주)

기주(蘄州) 오아산(烏牙山) 언빈(彦賓) 선사의 법손 3인
- 안주(安州) 대안산(大安山) 홍고(興古) 선사
- 기주(蘄州) 오아산(烏牙山) 행랑(行朗) 선사

  (이상 2인은 본문에 기록되어 있다. 원주)

- 괵주(虢州) 노산(盧山) 상(常) 선사

  (이상 1인은 본문에 기록되어 있지 않다. 원주)

봉상부(鳳翔府) 청봉(靑峯) 화상의 법손 7인
- 서천(西川) 영감(靈龕) 화상
- 경조(京兆) 자각산(紫閣山) 단기(端己) 선사
- 방주(房州) 개산(開山) 회주(懷晝) 선사
- 유주(幽州) 전법(傳法) 화상
- 익주(益州) 정중사(淨衆寺) 귀신(歸信) 선사
- 청봉산(靑峯山) 청면(淸免) 선사 (제2세 주지)

  (이상 6인은 본문에 기록되어 있다. 원주)

- 봉상부(鳳翔府) 장평산(長平山) 만(滿) 선사

  (이상 1인은 본문에 기록되어 있지 않다. 원주)

23권 법계보

상주(洋州) 대암(大巖) 백(白) 화상의 법손 1인

- 공주(邛州) 벽운(碧雲) 화상
 (이상 1인은 본문에 기록되어 있지 않다. 원주)

청원(靑原) 행사(行思) 선사의
7세 법손(法孫)

길주(吉州) 청원산(靑原山) 행사(行思) 선사의 제7세
소주(韶州) 운문산(雲門山) 문언(文偃) 선사의 법손

남악(南嶽) 반야사(般若寺) 계유(啓柔) 선사

계유 선사에게 어떤 승려가 물었다.
"인도에서는 납인(納人)이 영험하다 하는데, 여기서는 어떠합니까?"
대사가 말하였다.
"신라 사람의 짚신이니라."

"어떤 것이 열 성인이 함께 돌아가는 도리입니까?"

吉州靑原山行思禪師第七世 韶州雲門山文偃禪師法嗣 南嶽般若寺啓柔禪師。僧問西天以納人爲驗。此土如何。師曰。新羅人草鞋。問如何是十[1]聖同歸底道理。

---

1) 十이 송, 원, 명나라본에는 千으로 되어 있다.

"괴로움이 공해진 경지를 통달하지 못하면 슬퍼 탄식하지 않는 사람이 없다."

대사가 법상에 올랐는데 판(板)[2]이 세 차례 울리자 대중이 모이니, 이로 인하여 게송을 지었다.

묘하구나, 판이 세 차례 울려
여러분 모두가 모였네
이미 시절을 잘 분별하기에
내가 두세 번 거듭하지 않으리

대사는 다음에 형남(荊南)의 연수(延壽)에 살았으며, 나중에는 경조(京兆)의 광교원(廣敎院)에 살다가 입적하였다.

師曰。未達苦空境無人不歎嗟。師上堂。聞三下板聲大衆始集。師因示一偈曰。
妙哉三下板
諸德盡來參
既善分時節
今吾不再三
師次住荊南延壽。後住京兆廣敎院示滅。

---

2) 판(板) : 시간을 알릴 때 쓰는 것.

 토끼뿔

"어떤 것이 열 성인이 함께 돌아가는 도리입니까?" 했을 때

대원은 "맷돌 물레방아다." 하리라.

균주(筠州) 황벽산(黃檗山) 법제(法濟) 선사

법제 선사에게 어떤 승려가 물었다.
"어떤 것이 화상의 가풍입니까?"
대사가 말하였다.
"천하 사람들에게 방본을 지어준다."

대사가 법상에 올라 대중에게 보이고 말하였다.
"허공도 대각(大覺) 안에서 생긴 것으로 바다에서 거품 하나가 일어난 것과 같으니, 각각 사람마다 무사하니라."

또 법상에 올라 말없이 보이고 말하였다.
"만일 황벽의 휘장을 알면 평생에 행각하던 일은 끝난다. 안녕."

筠州黃檗山法濟禪師。僧問。如何是和尚家風。師曰。與天下人作榜樣。師上堂示眾曰。空生大覺中如海一漚發。各各當人無事。又上堂良久曰。若識得黃檗帳子平生行脚事畢。珍重。

 토끼뿔

"어떤 것이 화상의 가풍입니까?" 했을 때

대원은 "이렇다. 어떤 이가 물으면 잘 전하라." 하리라.

양주(襄州) 동산(洞山) 수초(守初) 종혜(宗慧) 대사

종혜 대사가 처음에 운문을 참문하니 운문이 물었다.
"요새 어디서 떠났는가?"
대사가 대답하였다.
"사도(楂渡)에서 떠났습니다."
"여름은 어디서 지냈는가?"
"호남의 보자(報慈)에서 지냈습니다."
"언제 거기를 떠났는가?"
"작년 8월입니다."
"그대에게 세 방망이를 힘껏 때렸노라."
이튿날 대사가 다시 올라와서 문안하고 말하였다.
"어제 화상께서 세 방망이를 때렸다 하셨는데, 허물이 어디에 있는지 모르겠습니다."

襄州洞山守初宗[3]慧大師。初參雲門。雲門問。近離什麼處。師曰。楂渡。雲門曰。夏在什麼處。師曰。湖南報慈。門曰甚時離彼。師曰。去年八月[4]。門曰。放汝三頓棒。師至明日却上問訊。昨日蒙和尚放三頓棒。不知過在什麼處。

---

3) 宗이 원나라본에는 崇으로 되어 있다.
4) 去年八月이 송나라본에는 去秋로 되어 있고, 원나라본에는 八月二十五로 되어 있다.

운문이 말하였다.
"이 밥통아, 강서와 호남은 곧 이러-히 가는 거다."
대사가 이 말에 크게 깨달았다.

대사가 주지가 된 뒤에 승려가 물었다.
"외길이 멀고 멀 때에는 어찌합니까?"
대사가 말하였다.
"날이 맑을 때에는 가지 않고, 비가 오기만을 기다리는구나."
"여러 성인들은 어떻게 하셨습니까?"
"물에도 들어갔고, 진흙에도 들어갔다."

"마음이 나기 전에는 법이 어디에 있습니까?"
"바람도 없는데 연잎이 흔들리면 반드시 고기가 다니고 있는 것이다."

門曰。飯袋子。江西湖南便與麼去。師於此大悟[5]。師住後僧問。迢迢一路時如何。師曰。天晴不肯去直待雨淋頭。曰諸聖作麼生。師曰。入泥入水。問心未生時法在什麼處。師曰。無風[6]荷葉動決定有魚行。

---

5) 師於此大悟 대신에 원나라본에는 다음과 같이 되어 있다. 師於言下大悟。遂云從今已去。向十字街頭。不畜一粒米。不種一莖菜。接待十方往來一箇箇。教伊拈却臟脂帽子脫却鶻臭布衫。教伊洒洒落落地作箇明眼衲僧。豈不快哉。雲門云。飯袋子。身如椰子大。開得許大口。
6) 無風이 송. 원나라본에는 風吹로 되어 있다.

양주(襄州) 동산(洞山) 수초(守初) 종혜(宗慧) 대사

"스님께서 사자좌에 오르셨으니 도의 본성을 읊어 주십시오."
"마르고 개인 날에 배수구를 열고, 일 없는 날에 집무실서 차비 하는구나."
"그러면 스님의 가리켜 보이심에 감사하겠습니다."
"신 장사 늙은이가 옆 걸음을 걷는다."

"어떤 것이 삼보(三寶)입니까?"
"헤아려 따질 것이 못된다."

"어떤 것이 무봉탑(無縫塔)입니까?"
"네거리에 서 있는 돌사자니라."

"어떤 것이 생사를 면하는 법입니까?"
"보았으면 취한 것도 아니나, 생각하면 세 번이나 아첨하는 짓이다."

問師登獅子座請師唱道情。師曰。晴乾開水道無事設曹司。曰恁麽即謝師指示。師曰。賣鞋老婆脚趣棘。問如何是三寶。師曰。商量不下。問如何是無縫塔。師曰。十字街頭石獅子。問如何是免得生死底法。師曰。見之不取思之三年。

"마음과 의식을 여의고서 한 마디 일러 주십시오."
"도사(道士)가 누런 옷을 입고 독 안에 앉아 있다."

"때 아닌 참문을 왔으니 스님의 일구를 들려 주십시오."
"이른 곳을 무어라고도 하는가?"
"현재의 선정에 의거해서 말합니다."
"그대에게 30방망이를 때리노라."
"허물이 어디에 있습니까?"
"허물이 없다 해도 중죄이니라."

"연꽃이 물에서 나오기 전에는 어떠합니까?"
"초산(楚山)이 거꾸로 섰느니라."
"물에서 나온 뒤에는 어떠합니까?"
"한수(漢水)가 정동(正東)으로 흐른다."

問離却心機意識請師一句。師曰。道士著黃瓮裏坐。問非時親覲請師一句。師曰。到處怎生擧。曰據現定擧。師曰。放汝三十棒。曰過在什麼處。師曰。罪不重科。問蓮華未出水時如何。師曰。楚山頭倒卓。曰出水後如何。師曰。漢水正東流。

"어떤 것이 취모검(吹毛劍)입니까?"
"금주(金州)의 나그네이니라."

어떤 비구니가 물었다.
"수레는 머물렀는데 소가 머물지 않을 때에는 어떠합니까?"
대사가 말하였다.
"수레나 끄는 놈을 무엇 하겠는가?"

"어떤 것이 납승의 분수에 맞는 일입니까?"
"구름 속에 묻힌 초산(楚山) 봉우리에는 반드시 비바람이 많다."

"바다가 마르고 사람도 없어질 때에는 어떠합니까?"
"얻기 어렵다."
"그렇게 갈 때에는 어떠합니까?"
"구름은 하늘에 있고, 물은 병 안에 있다."

問如何是吹毛劍。師曰。金州客。尼問車住牛不住時如何。師曰。用駕車漢作麼。問如何是衲僧分上事。師曰。雲裏楚山頭決定多風雨。問海竭人亡時如何。師曰。難得。曰便恁麼去時如何。師曰。雲在青天水在瓶。

"유와 무가 모두 없어지고, 방편과 실재가 둘 다 없어지면 결국 어떻게 됩니까?"
"초산이 거꾸로 섰다."
"학인이 알아들을 수 있겠습니까?"
"방편이 있다."
"스님의 방편을 청합니다."
"천 리, 만 리이니라."

"우두가 4조를 보기 전에는 어떠합니까?"
"밤나무 주장자니라."
"본 뒤에는 어떠합니까?"
"구멍이 여덟 개 뚫린 베 장삼이니라."

"어떤 것이 부처입니까?"
"확연하고 분명하니라."

問有無雙泯權實兩忘究竟如何。師曰。楚山頭倒卓。曰還許學人領會也無。師曰。也有方便。曰請師方便。師曰。千里萬里。問牛頭未見四祖時如何。師曰。榔栗木拄杖。曰見後如何。師曰。竇八布衫。問如何是佛。師曰。灼然諦當。

"만 가지 인연을 모두 쉰다는 뜻이 무엇입니까?"
"항아리 속의 돌사람이 대추떡을 판다."
"어떤 것이 동산의 검입니까?"
"무엇하려는가?"
"학인이 알고자 합니다."
"허물이다."

"하늘이니 땅이니 하는 뜻을 쉬고 우주에도 마음을 두지 말라 하니, 학인은 다만 이러한데 스님께서는 어떠십니까?"
"산마루 정자에 안개가 일고, 급한 여울에는 배를 대지 못한다."

"대중이 모였으니 스님께서 요점을 추려서 제창해 주십시오."
"물 위에 뜬 거품은 오색을 드러내고, 바다 밑의 두꺼비는 달 밝음을 외친다."

問萬緣俱息意旨如何。師曰。甕裏石人賣棗團。問如何是洞山劍。師曰。作麼。僧曰。學人要知。師曰。罪過。問乾坤休著意宇宙不留心。學人只恁麼。師又作麼生。師曰。峴山亭起霧灘峻不留船。問大眾雲臻。請師撮其樞要略舉大綱。師曰。水上浮漚呈五色。海底蝦蟇叫月明。

"바야흐로 이러-할 때에는 문수(文殊)와 보현(普賢)이 어디에 있습니까?"

"장자가 81세가 되면 그 나무에서 버섯이 나지 않는다"[7)]

"그 뜻이 무엇입니까?"

"하나라 해도 이루지 못하고, 둘이라 해도 옳지 못하다."

問正當恁麼時文殊普賢在什麼處。師曰。長者八十一其樹不生耳。曰意旨如何。師曰。一則不成二則不是。

---

7) 어떤 비구가 장자의 집에서 공양을 오랫동안 받고 수행하였는데, 결국 도를 이루지 못해 그 장자의 집에 버섯이 되어 빚을 갚았다고 한다.

토끼뿔

ᵜ "어떤 것이 동산의 검입니까?" 했을 때

대원은 "봄 단풍은 파랗고 가을 단풍은 붉다." 하리라.

ᵜ "하늘이니 땅이니 하는 뜻을 쉬고 우주에도 마음을 두지 말라 하니, 학인은 다만 이러한데 스님께서는 어떠십니까?" 했을 때

대원은 "놓아 버려라." 하리라.
"험."

신주(信州) 강국(康國) 요(耀) 화상

요(耀) 화상에게 어떤 승려가 물었다.
"문수와 유마가 마주 앉아서 무슨 일을 이야기했습니까?"
대사가 말하였다.
"그대가 해골이 된 뒤에 알게 되리라."
"옛사람이 해골 속에서 깨달아야 된다고 하였는데, 또 어떠합니까?"
"그대여, 얻은 것이겠는가?"
"그러면 먼 곳의 사람도 스님을 만날 수 있겠습니다."
"부질없는 말을 마라."

信州康國耀和尚。僧問。文殊與維摩對譚何事。師曰。汝向髑髏後會始得。曰古人道。髑髏裏薦取又如何。師曰。汝還薦得麼。曰恁麼即遠人得遇於師去也。師曰。莫謾語好。

 토끼뿔

"문수와 유마가 마주 앉아서 무슨 일을 이야기했습니까?" 했을 때

대원은 "하늘은 푸르고 땅은 검다." 하고

"옛사람이 해골 속에서 깨달아야 된다고 하였는데, 또 어떠합니까?" 했을 때

대원은 "깨달았다면 해골의 말이겠는가?" 하리라.

담주(潭州) 곡산(谷山) 풍(豊) 선사

풍(豊) 선사에게 어떤 승려가 물었다.
"스님은 누구의 곡조를 부르시고, 종풍은 누구의 것을 이으셨습니까?"
대사가 말하였다.
"눈 덮인 산꼭대기의 매화꽃 봉오리가 벌어지니, 아득히 깊은 산골짜기의 노승이 경탄한다."

대사가 법상에 올라 대중에게 보이고 말하였다.
"준마(駿馬)는 기틀 이전에 뛰어나나, 떠도는 사람들은 만류해도 멀어진다. 이미 구름 밖 나그네가 보러 오니 노승이 보기를 허락하노라."
어떤 승려가 얼른 나서니, 대사가 곧 때리면서 말하였다.
"왜 진작 나오지 않았던가?"

潭州谷山豊禪師(亦住興元府普通院)[8]。僧問。師唱誰家曲宗風嗣阿誰。師曰。雪嶺梅華綻雲洞老僧驚。師上堂示眾曰。駿馬機前異遊人肘後懸。既參雲外客許為老僧看。纔有僧出。師便打云。何不早出頭來。

---

8) 또 홍원 보통원에 살았다. (원주)

🐇 토끼뿔

"스님은 누구의 곡조를 부르시고, 종풍은 누구의 것을 이으셨습니까?" 했을 때

대원은 "무쇠사자 종풍에 백운곡을 부른다." 하리라.

영주(潁州) 나한(羅漢) 광계(匡界) 선사

광계 선사에게 어떤 승려가 물었다.
"어떤 것이 취모검입니까?"
대사가 말하였다.
"마쳤다."

"백 년 뒤에 어떤 사람이 화상께서 어디로 가셨느냐고 묻는다면, 무엇이라 대답하시겠습니까?"
"오랜 뒤에 작가(作家)를 만나거든 분명히 이야기하라."
"누가 지음자(知音者)입니까?"
"지음자라면 그렇게 묻지 않는다."

"어떤 것이 나한의 경지입니까?"
"늙은 소나무, 회나무이다."

潁州羅漢匡界禪師。僧問。如何是吹毛劍。師曰。了。問和尚百年後。忽有人問和尚向什麼處去。如何酬對。師曰。久後遇作家分明舉似。曰誰是知音者。師曰。知音者即不恁麼問。問如何是羅漢境。師曰。松檜古貌。

"벽 구멍으로 빛을 훔칠[9] 때가 어떠합니까?"

"틀렸다."

"그렇지만 마음을 온전하게 하려고 애써야 하는 것이야 어찌하겠습니까?"

"틀렸다, 틀렸어."

問鑿壁偸光時如何。師曰。錯。曰爭奈苦志專心。師曰。錯錯。

---

9) 착벽투광(鑿壁偸光)이라는 고사 성어. 서한(西漢) 시대 광형(匡衡)은 어두워도 등을 밝힐 수 없을 정도로 가난하여 이웃집 벽을 뚫어 그 사이로 흘러나오는 빛으로 글을 읽었다고 한다.

 토끼뿔

"백 년 뒤에 어떤 사람이 화상께서 어디로 가셨느냐고 묻는다면, 무엇이라 대답하시겠습니까?" 했을 때

대원은 "이렇느니라." 하리라.

낭주(朗州) 창계(滄谿) 인(璘) 화상

인(璘) 화상에게 어떤 승려가 물었다.
"어떤 것이 창계의 경지입니까?"
대사가 말하였다.
"낯 앞의 물이 정동으로 흐른다."

"어떤 것이 창계의 가풍입니까?"
"들어올 때 곧 보았느니라."

"이 법이 법위(法位)[10]에 머물러 세간의 모습에 항상 머문다 하는데, 운문 화상은 어디로 가셨습니까?"
"보았는가?"
"틀렸습니다."
"틀렸다, 틀렸어."

朗州滄谿璘和尚。僧問。如何是滄谿境。師曰。面前水正東流。問如何是滄谿家風。師曰。入來便見。問是法住法位世間相常住。雲門和尚向什麼處去也。師曰。見麼。曰錯。師曰。錯錯。

---

10) 법위(法位) : 변하지 않는 진리의 세계. 진여(眞如)의 다른 이름.

"어떤 것이 서쪽에서 오신 뜻입니까?"
"틀림없다."

대사가 어떤 일로 인하여 게송을 읊었다.

하늘땅이 앞질러 가리키니
사람들아, 구태여 전하려 말게
그 속에서 알음알이를 내면
눈썹에다 눈썹을 붙이는 것일세

問如何是西來意。師曰。不錯。師因事有頌曰。
天地指前徑
時人莫彊移
箇中生解會
眉上更安眉

토끼뿔

"이 법이 법위(法位)에 머물러 세간의 모습에 항상 머문다 하는데, 운문 화상은 어디로 가셨습니까?" 했을 때

대원은 "꾀꼬리는 낮에 노래하고, 두견새는 밤에 운다." 하리라.

균주(筠州) 동산(洞山) 보리원(普利院) 청품(淸稟) 선사(제8세 주지)

대사는 천주(泉州) 선유(僊遊) 사람으로 성은 이(李)씨이다. 어려서 중봉원(中峯院)의 홍밀(鴻謐)에게서 승려가 되어 16세에 복주(福州)의 태평사(太平寺)에서 계를 받았다.

처음에 남악(南嶽)에 가서 유경(惟勁) 두타를 참문했으나 얻은 바가 없었다. 그래서 소양(韶陽)에 가서 조탑(祖塔)에 참배하고 돌아오는 길에 운문을 찾았는데, 이에 운문이 물었다.

"오늘 어디서 떠났는가?"

"혜림(慧林)에서 떠났습니다."

운문이 주장자를 들면서 물었다.

"혜림 대사가 이렇게 하는 것을 그대가 보았는가?"

筠州洞山普利院第八世住淸稟禪師。泉州僊遊人也。姓李氏。幼禮中峯院鴻謐爲師。年十六福州太平寺受戒。初詣南嶽參惟勁頭陀未染指。及抵韶陽禮祖塔迴造雲門。雲門問曰。今日離什麽處。曰慧林。雲門舉拄杖曰。慧林大師恁麽去。汝見麽。

대사가 말하였다.

"그 물음의 뜻을 잘 알았습니다."

운문이 좌우를 돌아보면서 빙그레 웃기만 하였다.

대사가 이로부터 입실하여 깨달음을 인가받았다. 그리고 금릉(金陵)에 가니, 국주(國主)인 이(李)씨가 광목(光睦)에 살라고 청하고, 오래지 않아 다시 징심당(澄心堂)에 들어가 제방의 어록을 모으라고 명하였다. 10년이 지나자 다시 동산에서 맞아들여 살게 하였다.

개당(開堂)하는 날에 유나(維那)가 종을 치고 말하였다.

"모임에 계신 여러 용상(龍象)[11]들이여, 마땅히 제일의제(第一義諦)를 관(觀)하십시오."

대사가 말하였다.

"퍽 좋은 소식이지만 그대가 잘못 알았을까 걱정되는구나."

曰深領此問。雲門顧左右微笑而已。師自此入室印悟。乃之金陵。國主李氏請居光睦。未幾復命入澄心堂。集諸方語要。經十稔迎住洞山。開堂日維那白槌曰。法筵龍象衆當觀第一義。師曰。也好消息。只恐汝錯會。

---

11) 용상(龍象) : 덕이 높은 승려를 용이나 코끼리에 비유하여 이르는 말.

어떤 승려가 물었다.

"운문의 한 곡조는 스님께서 친히 부르시지만, 오늘날 신풍(新豊)12)의 일은 어떠합니까?"

대사가 말하였다.

"바라는 대로 일렀다."

僧問。雲門一曲師親唱。今日新豐事若何。師曰。也要道却。

---

12) 신풍(新豊) : 조동종의 개조인 동산 양개 선사가 신풍산에도 기거했으므로 조동종을 신풍이라 하기도 한다. 또 동산 양개 선사를 신풍노인이라고 한다.

 토끼뿔

∽ "모임에 계신 여러 용상(龍象)들이여, 마땅히 제일의제(第一義諦)를 관(觀)하십시오." 했을 때

대원은 "'관'할 때 벌써 십만팔천리다." 하리라.

∽ "운문의 한 곡조는 스님께서 친히 부르시지만, 오늘날 신풍(新豊)의 일은 어떠합니까?" 했을 때

대원은 "환히 드러난 일을 묻는 것은 바보짓이다." 하리라..

기주(蘄州) 북선(北禪) 적(寂) 화상 오통(悟通) 대사

오통 대사가 어떤 승려에게 물었다.
"어디서 왔는가?"
승려가 말하였다.
"황주(黃州)에서 왔습니다."
"어느 절에 있었는가?"
"자복(資福)입니다."
"무엇으로 복을 가꾸는가?"
"두 겹의 공안(公案)이군요."
"그렇지만 북선의 손아귀에 있는 바에야 어찌하겠는가?"
"손아귀에 있다면 잡을 수 있겠습니다."
대사가 곧 때렸다.

蘄州北禪寂和尚悟通大師。師問僧。什麼處來。曰黃州來。師曰。在什麼院。曰資福。師曰。福將何資。曰兩重公案。師曰。爭奈在北禪手裏何。曰在手裏即收取。師便打。

토끼뿔

"무엇으로 복을 가꾸는가?" 했을 때

대원은 "굴피나무 숲이다." 하리라.

홍주(洪州) 늑담(泐潭) 도겸(道謙) 선사

도겸 선사에게 어떤 승려가 물었다.
"어떤 것이 늑담의 가풍입니까?"
대사가 말하였다.
"그대가 여기에 온 지 며칠인가?"

"털끝이라도 있기만 하면 곧 티끌이라 하니, 있지 않을 때에는 어떠합니까?"
대사가 손으로 두 눈을 가렸다.

"천자(天子)의 정위(正位)에서 제창하면 누가 듣습니까?"
"노승은 귀머거리가 아니다."

洪州泐潭道謙禪師。僧問。如何是泐潭家風。師曰。闍梨到來幾日。問但有纖毫即是塵。不有時作麼生。師以手掩兩目。問當陽舉唱誰是聞者。師曰。老僧不患耳聾。

🐦 토끼뿔

◦ "어떤 것이 늑담의 가풍입니까?" 했을 때

대원은 "차는 받쳐 먹는다." 하리라.

◦ "털끝이라도 있기만 하면 곧 티끌이라 하니, 있지 않을 때에는 어떠합니까?" 했을 때

대원은 "북악산과 관악산이 마주 본다." 하리라.

여주(廬州) 남천왕(南天王) 영평(永平) 선사

영평 선사에게 어떤 승려가 물었다.
"어떤 것이 서쪽에서 오신 뜻입니까?"
대사가 말하였다.
"모래를 뿌리지 마라."

"어떤 것이 남천왕(南天王)의 경지입니까?"
"마음대로 구경하라."
"어떤 것이 경지 속의 사람입니까?"
"앞의 말을 알아들어라."

"오래도록 싸움터에 있었는데 어째서 공명을 이루지 못했습니까?"
"다만 서리 위에 누워 눈이 깊어가도록 잠만 자고 있구나."

廬州南天王永平禪師。僧問。如何是西來意。師曰。不撒沙。問如何是南天王境。師曰。一任觀看。曰如何是境中人。師曰。且領前話。問久戰沙場為什麼功名不就。師曰。只為眠霜臥雪深。

"그러면 무기를 던지고 속수무책으로 조정으로 돌아가야 되겠습니다."

"지휘사(指揮使)가 그대에게는 아직 이르지 않았다."

曰恁麼即罷息干戈束手歸朝去也。師曰。指揮使未到你作。

 토끼뿔

"오래도록 싸움터에 있었는데 어째서 공명을 이루지 못했습니까?" 했을 때

대원은 "싸움터에 있기 때문이다." 하고

"그러면 무기를 던지고 속수무책으로 조정으로 돌아가야 되겠습니다." 했을 때

대원은 "속수무책으로 돌아간 조정이 어찌 조정이겠느냐?" 하리라.

조남(潮南) 영안(永安) 낭(朗) 선사

낭(朗) 선사에게 어떤 승려가 물었다.
"어떤 것이 동양(洞陽)의 가풍입니까?"
대사가 말하였다.
"문에 들어 곧 보았느니라."
"어떤 것이 문에 들어 곧 보았다는 것입니까?"
"객인 이 바탕이 스승이다."

"어떤 것이 지극한 말씀입니까?"
"사랑하는 이를 여의기는 괴롭다."

潮南永安朗禪師。僧問。如何是洞陽家風。師曰。入門便見。曰如何是入門便見。師曰。客是相師。問如何是至極之譚。師曰。愛別離苦。

 토끼뿔

"어떤 것이 지극한 말씀입니까?" 했을 때

대원은 "지금의 말이다." 하리라.

호남(湖南) 담명(潭明) 화상

담명 화상에게 어떤 승려가 물었다.
"어떤 것이 상담(湘潭)의 경지입니까?"
대사가 말하였다.
"산은 큰 봉우리로 이어졌고, 물은 소상강과 접했느니라."
"어떤 것이 경지 안의 사람입니까?"
"알기에 좋은 때이다."

"어떤 것이 불법의 대의입니까?"
"백 가지 의혹이 까닭없이 정신만 수고롭게 한다."

湖南潭明和尚。僧問。如何是湘潭境。師曰。山連大嶽水接瀟湘。曰如何是境中人。師曰。便合知時。問如何是佛法大意。師曰。百惑謾勞神。

 토끼뿔

"어떤 것이 경지 안의 사람입니까?" 했을 때

대원은 "한강물은 서해로 들어간다." 하리라.

금릉(金陵) 청량(清涼) 명(明) 선사

강남(江南)의 국주(國主)가 대사에게 상당(上堂)을 청했는데, 소장로(小長老)가 물었다.
"온갖 언구는 모두가 방편에 떨어지는데, 방편에 떨어지지 않는 것을 속히 일러 주십시오."
대사가 말하였다.
"국주께서 여기 계시는데 감히 무례하게 굴지 말라."

金陵清涼明禪師。江南國主請師上堂。小長老問。凡有言句盡落方便。不落方便請師速道。師曰。國主在此不敢無禮。

 토끼뿔

"온갖 언구는 모두가 방편에 떨어지는데, 방편에 떨어지지 않는 것을 속히 일러 주십시오." 했을 때

대원은 "더할 것이 있겠는가?" 하리라.

금릉(金陵) 봉선(奉先) 심(深) 선사

강남(江南)의 국주가 청하여 개당하는 날에 자리에 막 오르자, 유나가 종을 치고 대중에게 일렀다.

"모임에 계신 용상들이여, 의당 제일의(第一義)를 관(觀)하십시오."

이에 대사가 말하였다.

"과연 모르고 미련하기가 사람 잡을 만하구나."

이에 어떤 승려가 나와서 절을 하고 물었다.

"어떤 것이 제일의입니까?"

"다행히 일러 마침을 만났구나."

"어떻게 해야 알 수 있겠습니까?"

"빨리 절을 세 번 하라."

대사가 문제를 들어 또 말하였다.

"대중아, 미련하다는 말이 누구의 어떤 경지에 해당한 것인지 말해 봐라."

金陵奉先深禪師。江南國主請開堂日纔陞座。維那白槌曰。法筵龍象眾當觀第一義。師便云。果然不識鈍置殺人。時有僧出禮拜。問如何是第一義。師曰。賴遇道了也。曰如何領會。師曰。速禮三拜。師又拈曰。大眾汝道。鈍置落阿誰分上。

 토끼뿔

༄ "어떤 것이 제일의입니까?" 했을 때

대원은 "석류는 달고 시다." 하고

"어떻게 해야 알 수 있겠습니까?" 했을 때

대원은 "알 것이 없다." 하리라.

༄ "대중아, 미련하다는 말이 누구의 어떤 경지에 해당한 것인지 말해 봐라." 했을 때

대원은 "도리어 그렇게 말하는 스님 같은 분이다." 하리라.

서천(西川) 청성(靑城) 대면산(大面山) 승(乘) 화상

승(乘) 화상에게 어떤 승려가 물었다.
"어떤 것이 상륜봉(相輪峯)입니까?"
대사가 말하였다.
"연기가 노을이 서린 곳까지 곧장 솟았느니라."
"초월했다는 것마저 세우지 않는 일이 어떤 것입니까?"
"땅으로 3척 5촌을 들어가느니라."

"어떤 것이 불법의 대의입니까?"
"홍의문(興義門) 앞의 북소리이니라."
"학인은 잘 모르겠습니다."
"아침에 3천을 치고, 저녁에 8백을 친다."

西川靑城大面山乘和尚。僧問。如何是相輪峯。師曰。直聳煙嵐際。曰向上事如何。師曰。入地三尺五。問如何是佛法大意。師曰。興義門前鼟鼟鼓。曰學人不會。師曰。朝打三千暮打八百。

 토끼뿔

"초월했다는 것마저 세우지 않는 일이 어떤 것입니까?" 했을 때

대원은 "어디서든 보태지도 빼지도 마라." 하리라.

노부(潞府) 묘승(妙勝) 진(臻) 선사

진(臻) 선사에게 어떤 승려가 물었다.
"어떤 것이 묘승의 경지입니까?"
대사가 말하였다.
"용장(龍藏)[13]을 열 때 패엽(貝葉)이 분명하니라."

"금속여래(金粟如來)가 어찌하여 석가의 회상에 강림하게 되었습니까?"
"향산의 남쪽이요, 설산의 북쪽이니라."
"남섬부주의 일은 어떠합니까?"
"황하(黃河)의 물결이 급하니 거품이 거칠다."

潞府妙勝臻禪師。僧問。如何是妙勝境。師曰。龍藏開時貝葉分明。問金粟如來爲什麽却降釋迦會裏。師曰。香山南雪山北。曰南贍部洲事又作麽生。師曰。黃河水急浪華麁。

---

13) 용장(龍藏) : 법보(法寶)의 다른 이름. 부처님의 설법.

"마음과 마음이 적멸함은 묻지 않겠는데, 어떤 것이 모든 것을 초월했다는 것마저 세우지 않는 온통인 길입니까?"
"한 줄기 제수(濟水)가 신라 나라를 관통한다."

"운문의 소식을 멀리서 들었는데, 남북과 종횡과 네 간방과 상하의 일이 어떠합니까?"
"오늘과 내일이니라."

問心心寂滅即不問。如何是向上一路。師曰。一條濟水貫新羅。問遠嚮雲門南北縱橫四維上下事作麼生。師曰。今日明日。

토끼뿔

"운문의 소식을 멀리서 들었는데, 남북과 종횡과 네 간방과 상하의 일이 어떠합니까?" 했을 때

대원은 "오전엔 산에 올라가 나무를 해왔고, 해질 무렵엔 군불을 지폈다." 하리라.

흥원부(興元府) 보통(普通) 봉(封) 화상

봉(封) 화상에게 어떤 승려가 물었다.
"오늘의 이 모임이 영산회상과 어디가 닮았습니까?"
대사가 말하였다.
"건곤을 진동시킨다."

"어떤 것이 보통의 경지입니까?"
"뜰 앞의 대나무는 한겨울에도 싱싱하고, 집안에는 등불이 없어도 한밤이 밝다."

興元府普通封和尙。僧問。今日一會何似靈山。師曰。震動乾坤。問如何是普通境。師曰。庭前有竹三冬秀。戶內無燈午夜明。

 토끼뿔

"오늘의 이 모임이 영산회상과 어디가 닮았습니까?" 했을 때

대원은 "어디가 다르던가?" 하리라.

소주(韶州) 등봉(燈峯) 정원(淨原) 화상

정원 화상이 법상에 올라 대중에게 말하였다.
"옛사람이 산하대지가 두루 진여(眞如)라고 했는데, 대중 가운데 진여를 얻었다는 이가 있다면 산하대지가 자취마저 없어질 것이요, 얻지 못한 이가 있다면 옛 성인의 지극한 말을 어기게 된다. 대중 안에서 말할 수 있는 이가 있거든 나오라. 말하지 못하겠거든 빨리 방으로 돌아가라. 안녕."

어떤 승려가 물었다.
"어떤 것이 화상께서 사람을 위하는 한 구절입니까?"
대사가 말하였다.
"애쓸 것이 없다."

韶州燈峯淨原和尚。師上堂謂眾曰。古人道山河大地普眞如。大眾若得眞如者。即隱却他山河大地。若不得者即違他古德至言。眾中道得者出來。道不得即各自歸堂。珍重。僧問。如何是和尚為人一句。師曰。不著力。

🐦 토끼뿔

"어떤 것이 화상께서 사람을 위하는 한 구절입니까?" 했을 때

대원은 "뜰 앞에 소나기니라." 하리라.

소주(韶州) 대범(大梵) 원(圓) 화상

원(圓) 화상이 법상에 올라 대중에게 보이고 말하였다.
"대중들이여, 좋은 시절이다. 어서 노력하라. 시간은 사람을 기다리지 않는다. 각각 방으로 돌아가서 본래의 선지식에게 물어라."
어떤 승려가 물었다.
"대중이 모였습니다. 스님께서 거량해 주십시오."
대사가 말하였다.
"의심이 있거든 물어라."

대사가 성승(聖僧)의 상을 보다가 승려에게 물었다.
"이 성승의 나이가 얼마나 되는가?"
"화상의 나이와 동갑일 것 같습니다."
대사가 할을 하면서 꾸짖었다.
"이 힘 빠진 소야, 쉽게 말하지 마라."

韶州大梵圓和尚。師上堂示眾曰。大眾好箇時光直須努力時不待人。各自歸堂參取本善知識去。僧問。大眾雲集請師舉唱。師曰。有疑請問。師因見聖僧便問僧。此箇聖僧年多少。僧曰。恰共和尚同年。師喝之。曰這竭牛。不易道得。

 토끼뿔

∽ "대중이 모였습니다. 스님께서 거량해 주십시오." 했을 때

대원은 "찻잔이 내 앞서 이르고 있었다. 보지 못했는가?" 하리라.

∽ "이 성승의 나이가 얼마나 되는가?" 했을 때

대원은 "이후 잘못 말하지 마오." 하리라.

예주(澧州) 약산(藥山) 원광(圓光) 선사

원광 선사에게 어떤 승려가 물었다.
"약산에서 법의 등불이 이어지는데 스님은 몇 째가 되십니까?"
대사가 말하였다.
"서로 만나면 모든 벼슬을 쉬겠다고 말하지만, 숲속에서 한 사람인들 보았으랴."

"물과 육지를 거치지 않은 이도 스님께서 지도하십니까?"
"소로소로(蘇嚕蘇嚕)14)."

대사가 새로 온 승려에게 물었다.
"남쪽에서 왔는가, 북쪽에서 왔는가?"

澧州藥山圓光禪師。僧問。藥嶠燈連師當第幾。師曰。相逢盡道休官去。林下何曾見一人。問水陸不涉者師還接否。師曰。蘇嚕蘇嚕。師問新到僧。南來北來。

---

14) 소로소로(蘇嚕蘇嚕) : 진언의 일종.

승려가 대답하였다.

"북쪽에서 왔습니다."

"말〔言〕에 떨어지지 말고 빨리 일러라."

"저는 복건도의 사람으로서 고향 이야기를 잘 압니다."

"대중에게 돌아가라."

"분명하군요."

"뛰어라."

그리고는 곧 때렸다.

"어떤 것이 조사께서 서쪽에서 오신 뜻입니까?"

"무어라 하는가?"

曰北來。師曰。不落言詮速道。曰某甲是福建道人善會鄕譚。師曰。參衆去。曰灼然。師曰。踔跳便打。問如何是祖師西來意。師曰。道什麽。

 토끼뿔

"어떤 것이 조사께서 서쪽에서 오신 뜻입니까?" 했을 때

대원은 "상량은 일자로 눕고, 사람은 팔자로 누웠다." 하리라.

신주(信州) 아호산(鵝湖山) 운진(雲震) 선사

운진 선사에게 어떤 승려가 물었다.
"어떤 것이 부처입니까?"
대사가 말하였다.
"그대는 아닌가?"
대사가 승려에게 물었다.
"요사이 어디서 떠났는가?"
"양절(兩浙)에서 떠났습니다."
"취모검(吹毛劍)을 얻어왔는가?"
승려가 두 손을 벌리니, 대사가 말하였다.
"나는 그대를 도끼 자루 썩히는 신선으로 알았는데 원래 노름꾼이구나."

信州鵝湖山雲震禪師。僧問。如何是佛。師曰。闍梨不是。師問僧。近離什麼處。曰兩浙。師曰。還將得吹毛劍來否。僧展兩手。師曰。將謂是箇爛柯仙。元來却是摴蒱[15)]漢。

---

15) 摴蒱가 송나라본에는 樗蒱로 되어 있다.

"어떤 것이 아호의 가풍입니까?"
"객이 주인의 시늉을 하는군."
"그러면 스님의 주선에 감사해야 되겠습니다."
"진번지탑(陳蕃之榻)[16]으로는 어렵다."

問如何是鵝湖家風。師曰。客是主人相。曰恁麼則謝師周旋。師曰。難下陳蕃之榻。

---

16) 진번지탑(陳蕃之榻) : 후한말의 정치가 진번이 특별히 교의 하나를 걸어두었다가 객이 내방하면 이를 내려서 우대했다는 고사. 객을 우대한다는 뜻으로 쓴다.

 토끼뿔

"취모검(吹毛劍)을 얻어왔는가?" 했을 때

대원은 "얻은 것이라면 어찌 취모검이겠습니까?" 하리라.

여산(廬山) 개선(開先) 청요(淸耀) 선사

청요 선사에게 어떤 승려가 물었다.
"어떤 것이 등불과 등불이 끊이지 않는 것입니까?"
대사가 말하였다.
"푸른 버드나무는 꺾어서 심느니라."
"학인은 잘 모르겠습니다."
"뿌리 없는 나무 밑에서 빈이름을 외친다."

"피운(披雲)의[17] 한 구절은 스님께서 친히 외치시지만, 장경(長慶)의 오늘 아침 일은 어떤 것이겠습니까?"
"집집마다 관세음이니라."

廬山開先淸耀禪師。僧問。如何是燈燈不絶。師曰。靑楊翻遞植。曰學人不會。師曰。無根樹下唱虛名。問披雲一句師親唱。長慶今朝事若何。師曰。家家觀世音。

---

17) 전등록 22권 피운 지적 선사 참고.

"어떤 것이 피운의 경지입니까?"

"한 병의 푸른 물을 창밑에 문득 놓아두니, 당생에 몇 번의 가을이 지나갔던가?"

"어떤 것이 장경의 경지입니까?"

"방 안에 있는 노승의 머리카락이 눈처럼 희다."

"두 경지가 같은 곳으로 돌아가면 당연히 특별한 이치이겠습니다."

"있는 곳마다 남의 의심을 사겠다."

"옛 개울, 찬 우물에 누가 이르겠습니까?"

"말랐다."

"그러면 이르렀겠습니다."

"깊이가 얼마인가?"

問如何是披雲境。師曰。一缾淥水安窓下。便當生涯度幾秋。問如何是長慶境。師曰。堂裏老僧頭雪白。曰二境同歸應當別理。師曰。在處得人疑。問古澗寒泉誰人能到。師曰乾。曰恁麽即到也。師曰。深多少。

토끼뿔

"어떤 것이 등불과 등불이 끊이지 않는 것입니까?" 했을 때

대원은 "흰 종이 위 먹글씨 또렷하다." 하리라.

양주(襄州) 봉국(奉國) 청해(淸海) 선사

청해 선사에게 어떤 승려가 물었다.
"짙푸른 대〔竹〕가 모두 진여라 하니, 어떤 것이 진여입니까?"
대사가 말하였다.
"기와를 태워서 금을 만든다는 나그네의 말만 들었지 보지는 못했다."
"그러면 절을 하고 물러가야 되겠습니다."
"옛날의 망상이 아직껏 남았구나."

"듣건대 옛 사람이 달을 보았거든 손가락 보는 것을 그만두고, 집에 돌아왔거든 길을 묻지 말라고 했는데, 어떤 것이 집입니까?"
"말〔言〕 나온 곳을 보았거든 시험삼아 말해 봐라."

襄州奉國淸海禪師。僧問。青青翠竹盡是眞如。如何是眞如。師曰。燒[18)]瓦成金客聞名不見形。曰恁麼即禮謝下去也。師曰。昔時妄想至今存。問承古人云。見月休觀指歸家罷問程。如何是家。師曰。試擧話頭看。

---

18) 燒가 송나라, 원나라본에는 點으로 되어 있다.

"허물마저 놓아 버린즉 동(東)을 일러 서(西)를 설하지만, 허물을 놓아 버리지 못했을 때는 어찌 말하겠습니까?"
"두 해〔年〕가 같은 한 봄〔春〕이다."

問放過卽東道西說。不放過怎生道。師曰。二年同一春。

 토끼뿔

"짙푸른 대〔竹〕가 모두 진여라 하니, 어떤 것이 진여입니까?" 했을 때

대원은 "나이아가라 폭포니라." 하리라.

소주(昭州) 자광(慈光) 화상

자광 화상에게 어떤 승려가 물었다.
"마음이 곧 부처라 한 것은 이끌어 가르치는 말인데, 앞사람의 자취를 따르지 않는 이는 어떻게 가르칩니까?"
대사가 말하였다.
"동과 서는 그만두고, 남과 북의 일은 어떠한가?"
"이러한즉 학인은 어찌할 바를 모르겠습니다."
"용두사미(龍頭蛇尾)구나."

昭州慈光和尚。僧問。即心即佛誘誨之言。不涉前蹤如何指教。師曰。東西且置南北事作麼生。曰恁麼即學人罔測也。師曰。龍頭蛇尾。

토끼뿔

"이러한즉 학인은 어찌할 바를 모르겠습니다."했을 때

대원은 곧 때리고 "험."하리라.

담주(潭州) 보안(保安) 사밀(師密) 선사

사밀 선사에게 어떤 승려가 물었다.
"겨자씨를 굴려서 칼날에 던질 때에는 어떠합니까?"
대사가 말하였다.
"어디에 떨어졌는가?"[19)]

"말끝에서 어긋나지 않을 때에는 어떠합니까?"
"천태(天台)와 남악(南嶽)이니라."
"그렇게 할 때에는 어떠합니까?"
"강서(江西)와 호남(湖南)이니라."

潭州保安師密禪師。僧問。輥芥投鋒時如何。師曰。落在什麼處(梁山云。落在汝眼裏)。問不犯辭鋒時如何。師曰。天台南嶽。曰便恁麼時如何。師曰。江西湖南。

---

19) 양산(梁山)이 말하기를 "그대의 눈속에 떨어졌다." 하였다. (원주)

 토끼뿔

"그렇게 할 때에는 어떠합니까?" 했을 때

대원은 "악!" 하리라.

앞의 태주(台州) 서암(瑞巖) 사언(師彦) 선사의 법손

남악(南嶽) 횡룡(橫龍) 화상

초왕(楚王)인 마(馬)씨가 대사에게 금륜(金輪)에 살기를 청하였다.
어떤 승려가 물었다.
"어떤 것이 금륜의 제일구입니까?"
대사가 말하였다.
"둔한 놈이구나."

"어떤 것이 금륜의 한 화살입니까?"
"지나갔다."

前台州瑞巖師彦禪師法嗣 南嶽橫龍和尚。楚王馬氏請住金輪。僧問。如何是金輪第一句。師曰。鈍漢。問如何是金輪一隻箭。師曰。過也。

"어떤 것이 조사의 등불입니까?"

"8풍(八風)[20]이 불어도 꺼지지 않는다."

"그러면 어두움이 생기지 않겠습니다."

"낮에는 일 없이 노는 사람이 없다."

問如何是祖燈。師曰。八風吹不滅。曰恁麼即闇冥不生也。師曰。白日沒閑人。

---

20) 8풍(八風) : 수행인의 마음을 흔들어 시끄럽게 하는 8가지 종류의 경계를 바람에 비유 함. 이(利), 쇠(衰), 훼(毁), 예(譽), 칭(稱), 기(譏), 고(苦), 낙(樂).

토끼뿔

"어떤 것이 조사의 등불입니까?" 했을 때

대원은 "어떻냐?" 하리라.

온주(溫州) 온령(溫嶺) 서봉원(瑞峯院) 신록(神祿) 선사

　신록 선사는 복주(福州)의 복청(福淸) 사람으로 고향의 천축사(天竺寺)에서 출가하여 서암(瑞巖)에게 법을 얻고 오랫동안 시봉을 하였다. 나중에 산문을 열고 절을 지으니 학자들이 와서 의지하였다. 이에 대사가 게송을 지었다.

　고요히 홀로 앉아 뜻을 읊으니
　무현금(無絃琴)에 미묘한 소리남을 뉘라서 알랴
　종일토록 법당에 고요히 앉아 있으니
　다시 아무도 본래의 마음 묻는 이 없네

　溫州溫嶺瑞峯院神祿禪師。福州福淸人也。本邑天竺寺出家。得法於瑞巖。久為侍者。後開山創院學侶依附。師有偈曰。
　蕭然獨處意沈吟
　誰信無絃發妙音
　終日法堂唯靜坐
　更無人問本來心

이때에 붕언(朋彥)이라는 상좌가 위의 게송을 되새기면서 물었
다.
"어떤 것이 본래의 마음입니까?"
대사가 불렀다
"붕언아"
붕언이 대답하니, 대사가 말하였다.
"나에게 차를 끓여다 주게."
붕언이 이 말에 깨달았다.[21]
대사는 태평흥국(太平興國) 원년에 입적하니, 수명은 105세였다.

　時有朋彥上座。躡前偈而問曰。如何是本來心。師召曰。朋彥。彥應諾。
師曰。與老僧點茶來。彥於是信入(朋彥即廣法大師。後嗣天台國師。住蘇州長壽)。
師太平興國元年示滅。壽百有五歲。

---

21) 붕언은 곧 광법 대사이니, 나중에 천태 국사의 뒤를 이어 장수에 살았다. (원주)

토끼뿔

'무현금(無絃琴)에 미묘한 소리남을 뉘라서 알랴' 했을 때

대원은 "그보다 더한 것은 없다." 하리라.

앞의 회주(懷州) 현전(玄泉) 언(彦) 선사의 법손

악주(鄂州) 황룡산(黃龍山) 회기(晦機) 선사

회기 선사는 청하(淸河) 사람으로 성은 장(張)씨이다. 당의 천우(天祐)때에 행각을 다니다가 이 산에 이르니, 절수(節帥)가 봉급을 털어서 절을 짓고, 위에 아뢰어 자의(紫衣)와 초혜 대사(超慧大師)라는 호를 하사하게 하여 법석이 크게 번창하였다.

前懷州玄泉彦禪師法嗣 鄂州黃龍山晦機禪師。清河人也。姓張氏。唐天祐中遊化至此山。節帥施俸錢建法宇。奏賜紫衣號超慧大師。大張法席。

어떤 승려가 물었다.

"조사와 부처에 관한 일은 묻지 않겠으나, 어떤 것이 평상시의 일입니까?"

대사가 말하였다.

"내가 이 산에 산 지 15년이 되었다."

"어떤 것이 화상의 가풍입니까?"
"유리 발우에 밑이 없느니라."

"어떤 것이 군왕의 검입니까?"
"온갖 무리를 해치지 않는다."
"그 칼을 차는 이는 어떠합니까?"
"피가 범천(梵天)에까지 솟는다."
"만류(萬類)를 상하지 않으니 퍽 좋습니다."
대사가 문득 때렸다.

僧問。不問祖佛邊事。如何是平常之事。師曰。我住山得十五年。問如何是和尙家風。師曰。瑠璃鉢盂無底。問如何是君王劍。師曰。不傷萬類。曰佩者如何。師曰。血濺梵天。曰大好不傷萬類。師便打。

"부처님께서 계실 때에는 중생을 위하여 설법을 하셨는데, 부처님께서 열반에 드신 뒤에는 누가 설법을 합니까?"
"부처님을 욕되게 하는구나."

"터럭이 큰 바다를 삼키고, 겨자에 수미산을 넣는 일이라 해도 학인의 본분일에는 맞지 않는 것입니다. 어떤 것이 학인의 본분일입니까?"
"밀봉한 합반(合盤)을 시장에서 연다."

"급히 와서 뵈니, 스님께서 소식을 통해 주십시오."
"불이 치마끈의 향을 태운다."

"어떤 것이 크게 의심하는 사람입니까?"
"상을 사이에 두고 마주 앉았는데, 활이 잔에 떨어진다."
"어떤 것이 의심하지 않는 사람입니까?"
"다시 상을 사이에 두고 마주 앉았는데, 활이 잔에 떨어진다."

問佛在日爲衆生說法。佛滅後有人說法也無。師曰。慚愧佛。問毛吞巨海芥納須彌。不是學人本分事。如何是學人本分事。師曰。封了合盤市裏揭。問切急相投請師通信。師曰。火燒裙帶香。問如何是大疑底人。師曰。對坐盤中弓落盞。曰如何是不疑底人。師曰。再坐盤中弓落盞。

"바람이 멈추고 물결이 고요해질 때에는 어떠합니까?"
"백 척 되는 대나무 끝에 돈 닷냥이 달렸느니라."

대사가 임종할 무렵에 어떤 승려가 물었다.
"화상께서 세상을 뜨시면 발우 주머니를 누구에게 맡기시겠습니까?"
대사가 말하였다.
"마음대로 가져가라."
"그 속의 일은 어찌합니까?"
"실이 터져야 비로소 안다."
"어떤 사람이 얻습니까?"
"제비가 우레 소리를 내거든 말해 주리라."
말을 마치자 조용히 입적하였다.

問風恬浪靜時如何。師曰。百尺[22]竿頭五兩垂。師將順世有僧問。百年後鉢囊子什麼人將去。師曰。一任將去。曰裏面事如何。師曰。線綻方知。曰什麼人得。師曰。待海燕雷聲即向汝道。言訖告寂。

---

22) 尺이 송나라, 원나라본에는 丈으로 되어 있다.

 토끼뿔

◌ "조사와 부처에 관한 일은 묻지 않겠으나, 어떤 것이 평상시의 일입니까?" 했을 때

대원은 "이후 잘못 전하지 마라." 하리라.

◌ "그 칼을 차는 이는 어떠합니까?" 했을 때

대원은 "요순시절로도 비교 안 된다." 하리라.

◌ "터럭이 큰 바다를 삼키고, 겨자에 수미산을 넣는 일이라 해도 학인의 본분일에는 맞지 않는 것입니다. 어떤 것이 학인의 본분일입니까?" 했을 때

대원은 "그런 말은 어디서 났는가?" 하리라.

∽ "어떤 것이 크게 의심하는 사람입니까?" 했을 때

대원은 "지금 그대 같은 사람이다." 하고

"어떤 것이 의심하지 않는 사람입니까?" 했을 때

대원은 "이런 사람이다." 하리라.

∽ "바람이 멈추고 물결이 고요해질 때에는 어떠합니까?" 했을 때

대원은 "이럴 때니라." 하리라.

낙경(洛京) 백곡(柏谷) 화상

백곡 화상에게 어떤 승려가 물었다.
"법비가 두루 뿌릴 때에는 어떠합니까?"
대사가 말하였다.
"도가 있어 천위(天位)에 전한다지만, 봉황지(鳳凰池)의 물은 길을 수 있는 것이 아니다."

"구순금족(九旬禁足)[23]의 일이 어떠합니까?"
"납인(蠟人)의 기틀에도 떨어지지 않는다."

洛京柏谷和尚。僧問。普滋法雨時如何。師曰。有道傳天位不汲鳳凰池。問九旬禁足三月事如何。師曰。不墜蠟人機。

---

23) 구순금족(九旬禁足) : 인도에서 우기 때 90일간 안거(安居)에 들어가 수행하는 것을 말한다.

 토끼뿔

㎝ "법비가 두루 뿌릴 때에는 어떠합니까?" 했을 때

대원은 "어떠냐?" 하리라.

㎝ "구순금족(九旬禁足)의 일이 어떠합니까?" 했을 때

대원은 "드러난 일이다." 하리라.

지주(池州) 화룡(和龍) 화상

화룡 화상에게 어떤 승려가 물었다.
"어떤 것이 조사와 조사가 전하던 마음입니까?"
대사가 말하였다.
"두세 번 그대에게 당부한다."

"어떤 것이 위로부터의 종지입니까?"
"그대의 입 속에 분명한데 얻어서 이르려 하는가?"

"깨달음에 요긴한 곳을 대사께서 한 번 제접해 주십시오."
"아주 깨달음에 요긴하다."

池州和龍和尙。僧問。如何是祖祖相傳底心。師曰。再三囑你。問如何是從上宗旨。師曰。向闍梨口裏著到得麽。問省要處乞師一接。師曰。甚是省要。

토끼뿔

ᦕ "어떤 것이 위로부터의 종지입니까?" 했을 때

대원은 "뜰 앞에 소나무니라." 하리라.

ᦕ "깨달음에 요긴한 곳을 대사께서 한 번 제접해 주십시오." 했을 때

대원은 "폭포수는 바쁘고, 흰구름은 한가하다." 하리라.

회주(懷州) 현전(玄泉) 화상(제2세 주지)

현전 화상에게 어떤 승려가 물었다.
"말이 그치고 이치를 다했을 때에는 어떠합니까?"
대사가 말하였다.
"이치에 들지 않고서야 어찌 함께 다할 수 있으랴."

"묘유(妙有)의 현묘한 구슬을 어찌하여야 얻겠습니까?"
"마니구슬 같은 것도 아니어서 형상과 광채가 끊어졌거늘, 눈 푸른 호인인들 어찌 볼 수 있으랴."

"입이 있어도 말할 수 없을 때에는 어떠합니까?"
"세 치 되는 혀로는 북의 음율을 맞출 수 없으나, 벙어리는 능히 나무사람〔木人〕의 노래를 이해한다."

懷州玄泉第二世和尚。僧問。辭窮理盡時如何。師曰。不入理豈同盡。問妙有玄珠如何取得。師曰。不似摩尼絕影豔。碧眼胡人豈能見。曰有口道不得時如何。師曰。三寸不能齊鼓韻。啞人解唱木人歌。

 토끼뿔

∽ "말이 그치고 이치를 다했을 때에는 어떠합니까?" 했을 때

대원은 "동서요, 남북이다." 하리라.

∽ "묘유(妙有)의 현묘한 구슬을 어찌하여야 얻겠습니까?" 했을 때

대원은 "얻은 것이라면 묘한 구슬이 아니다." 하리라.

∽ "입이 있어도 말할 수 없을 때에는 어떠합니까?" 했을 때

대원은 "입술로 이른 말이 어찌 진실하겠느냐?" 하리라.

노부(潞府) 묘승(妙勝) 현밀(玄密) 선사

현밀 선사에게 어떤 승려가 물었다.
"사방에서 산이 마주 닥쳐올 때에는 어떠합니까?"
대사가 말하였다.
"이글거리는 해는 그림자를 드리우지 않고, 어두운 곳은 지음(知音)이 없다."
"학인은 잘 모르겠습니다."
"학이 뭇 봉우리를 투과하는데, 어찌 향배(向背)를 말하리오?"

"두 용이 구슬을 다툴 때에는 어떠합니까?"
"역사(力士)는 줄 마음도 없는데 설치다가 도리어 광채를 잃는다."

潞府妙勝玄密禪師。僧問。四山相向時如何。師曰。紅日不垂影暗地莫知音。曰學人不會。師曰。鶴透群峯何伸向背。問二龍爭珠時如何。師曰。力士無心獻奮迅却沈光。

"설봉의 한 곡조를 천 사람이 부르는데, 달밤에 등불을 들면 누구의 것이 가장 밝습니까?"

"소리 없는 화음은 맞추는 것이 아니거늘, 밝고 어둠으로 어찌 거두랴."

問雪峯一曲千人唱。月裏挑燈誰最明。師曰。無音和不齊明暗豈能收。

 토끼뿔

∽ "사방에서 산이 마주 닥쳐올 때에는 어떠합니까?" 했을 때

대원은 "산이 거꾸로 섰다." 하리라.

∽ "두 용이 구슬을 다툴 때에는 어떠합니까?" 했을 때

대원은 "보석 가진 걸인을 또 보겠구나." 하리라.

앞의 복주(福州) 나산(羅山) 도한(道閑) 선사의 법손

홍주(洪州) 대녕원(大寧院) 은미(隱微) 선사

은미 선사는 예장(豫章)의 신감(新淦) 사람으로 성은 양(楊)씨이다. 태어나는 날 저녁에 광명이 방안을 비추었다. 나이 7세가 되자 본 고을의 석두원(石頭院)에 가서 도견(道堅) 선사에 의해 출가하였다.
 20세 때 개원사(開元寺)의 지칭(智稱) 율사에게 구족계를 받고, 여러 종장(宗匠)을 두루 방문하다가 나산(羅山)에 이르니, 법보(法寶) 대사가 '사자가 굴에 있는가, 굴에서 나왔는가?'라는 법요로써 지도하였다.

　前福州羅山道閑禪師法嗣　洪州大寧院隱微禪師。豫章新淦人也。姓楊氏。誕夕有光明貫室。年七歲依本邑石頭院道堅禪師出家。二十於開元寺智稱律師受具。歷參宗匠至羅山。法寶大師導以獅子在窟出窟之要。

그로 인하여 깨닫고 나서 몇 년 동안 머물다가 다시 강표(江表)로 돌아왔다.
이에 용천(龍泉)읍의 재상 이맹준(李孟俊)이 십선도량(十善道場)에 살기를 청하여 이로부터 종교(宗敎)를 드날리기 시작하였다.

대사가 법상에 올라 대중에게 말하였다.
"허공에서 뛰놀 이가 있는가? 나와 봐라."
대중에서 아무도 나오지 않으니, 대사가 게송을 말하였다.

허공에 뛰놀려면 바로 이때니
모름지기 윗눈썹을 찡그려 봐라
이로부터 곧 무리에서 뛰어나게 된 이는
백발을 기다릴 필요가 없느니라

因之省悟盤桓數稔。尋迴江表。會龍泉邑宰李孟俊請居十善道場。始揚宗敎。師上堂謂眾曰。還有騰空底麼出來。眾無出者。師說偈曰。
騰空正是時
應須眨上眉
從茲出倫去
莫待白頭兒

어떤 승려가 물었다.
"어떤 것이 십선교(十善橋)입니까?"
대사가 말하였다.
"험."
"건너는 이는 어떠합니까?"
"죽는다."

"자복(資福) 화상께서 열반하시어 어디로 가셨습니까?"
"짚신이 헤어졌다."

"어떤 것이 황매(黃梅)의 한 구절입니까?"
"지금의 것은 무엇인가?"
"어떻게 소식을 전합니까?"
"구강(九江)에 길이 끊어졌다."

"초심(初心)인 후학(後學)들이 어떻게 배웁니까?"
"머리에 하늘을 이었다."

僧問。如何是十善橋。師曰。險。曰過者如何。師曰。喪。問資福和尚遷化向什麼處去也。師曰。草鞋破。問如何是黃梅一句。師曰。即今怎麼生。曰如何通信。師曰。九江路絕。問初心後學如何是學。師曰。頭戴天。

"끝내 어떠합니까?"
"다리로 땅을 밟았다."

"어떤 것이 법왕의 검입니까?"
"드러났다."
"사람을 죽이겠습니까?"
"뭐라고?"

"어떤 것이 용천의 검입니까?"
"칼집에서 나온 적이 없다."
"꺼내 주시기를 청합니다."
"별들이 자리를 잃었다."

"나라가 태평한데 어째서 구슬이 나타나지 않습니까?"
"어디에 떨어져 있는가?"

曰畢竟如何。師曰。脚蹈地。問如何是法王劍。師曰。露。曰還殺人也無。師曰。作麼。問如何是龍泉劍。師曰。不出匣。曰便請出之。師曰。星辰失位。問國界安寧為什麼珠不現。師曰。落在什麼處。

주(周)의 광순(廣順) 원년 신해(辛亥)에 금릉(金陵) 이(李)씨가 덕이 높다는 소문을 듣고 용광선원(龍光禪苑)[24]에 청해 살게 하고, 각적 선사(覺寂禪師)라는 호를 봉하였다.

건륭(建隆) 2년 신유에 이르러 강남에 이(李)씨를 따라 홍정(洪井)에 가서 대녕정사(大寧精舍)에 살면서 현묘한 요지를 다시 폈다. 그러다 그해 10월 초에 병이 났는데, 27일이 되자 머리를 깎고 목욕한 후 대중을 하직하고 태연히 앉아서 입적하였다.

이듬해 2월 6일에 길주(吉州)의 길수현(吉水縣)으로 옮겨다 장사지내니, 유언에 따른 것이었다. 수명은 76세이고, 법랍은 56세였다. 시호는 현적 선사(玄寂禪師)이고, 탑호는 상적(常寂)이라 하였다.

周廣順元年辛亥金陵李氏嚮德。召入居龍光禪苑(後改名奉先)暑覺寂禪師。暨建隆二年辛酉隨江南李氏至洪井。住大寧精舍重敷玄旨。其年十月示疾。二十七日剃髮澡身陞堂辭眾安坐而逝。明年二月六日歸葬於吉州吉水縣。遵遺誡也。壽七十有六。臘五十六。諡玄寂禪師。塔曰常寂。

---

[24] 후에 봉선으로 개명하였다. (원주)

 토끼뿔

"나라가 태평한데 어째서 구슬이 나타나지 않습니까?" 했을 때

대원은 "말하는 물건은 무슨 물건인가?" 하리라.

무주(婺州) 명초(明招) 덕겸(德謙) 선사

　덕겸 선사는 나산(羅山)에게 수기를 받은 뒤에 여러 곳을 돌아다니며 현묘한 진리를 드날리니, 여러 노덕들도 모두가 그의 민첩함을 두려워하고, 후학들도 감히 그의 말끝에 맞서는 이가 없었다.
　대사가 천주(泉州)의 초경사(招慶寺)에 있을 때, 법당에서 손으로 벽화를 가리키면서 승려에게 물었다.
　"저것은 어느 신인가?"
　승려가 대답하였다.
　"호법선신(護法善神)입니다."
　"불법이 사태(沙汰)를 만났을 때에는 어디를 갔었던가?"
　승려가 대답이 없었다.
　이에 대사가 그 승려로 하여금 연(演) 시자에게 가서 묻게 하니, 연 시자가 말하였다.

　　婺州明招德謙禪師。受羅山印記靡滯於一隅。激揚玄旨。諸耆宿皆畏其敏捷。後學鮮敢當其鋒者。師在泉州招慶大殿上。以手指壁畫問僧曰。那箇是甚麼神。曰護法善神。師曰。沙汰時向什麼處去來。僧無對。師却令僧去問演侍者演曰。

"그대는 어느 겁에 그런 환란을 당했는가?"

그 승려가 돌아와서 대사에게 이야기하니, 대사가 말하였다.

"연 상좌가 후일에 천명의 대중을 모은다 한들 무슨 쓸 데가 있겠는가?"

그 승려가 절을 하고 특별한 말씀을 청하니, 대사가 말하였다.

"어디를 갔었는가?"

청 상좌가 앙산이 삽을 꽂은 일을 들어 대사에게 물었다.

"옛 사람의 뜻이 차수(叉手)에 있습니까, 삽을 꽂은 곳에 있습니까?"

대사가 말하였다.

"청 상좌여."

청 상좌가 대답하니, 대사가 말하였다.

"꿈에라도 앙산을 본 일이 있는가?"

청 상좌가 말하였다.

汝什麼劫中遭此難來。其僧迴擧似師。師曰。直饒演上座他後聚一千眾有什麼用處。僧乃禮拜請別語。師曰。什麼處去也。清上座[25]擧仰山插鍬話問師。古人意在叉手處。意在插鍬處。師曰。清上座。清應諾。師曰。還曾夢見仰山麼。清曰。

---

25) 上座가 송나라, 원나라본에는 八路로 되어 있다.

"말씀을 내리시길 바라지 않습니다. 다만 상좌를 헤아려 주십시오."

대사가 말하였다.

"만약 헤아리기를 요한다면, 법당 앞에는 전부터 천오백 인의 노사(老師)가 있느니라."

대사가 쌍암(雙巖)에 갔더니, 쌍암 장로가 대사의 풍채를 보고 이렇게 말하였다.

"내가 한 가지 그대에게 묻겠으니, 그대가 대답하면 이 절을 주겠으나 대답하지 못하면 주지 않겠소. 『금강경』에 이르기를 '일체 모든 부처님과 불법이 모두 이 경에서 나왔다.'라고 하였는데, 이 경은 누가 말씀하신 것이오?"

대사가 말하였다.

"말씀했다, 말씀하지 않았다는 것은 그만두고, 화상께서는 결정적으로 무엇을 이 경이라 하십니까?"

不要下語只要上座商量。師曰。若要商量堂頭自有一千五百人老師在。師到雙巖。雙巖長老覩師風彩乃曰。某甲致一問問闍梨。若道得便捨院。道不得即不捨。金剛經云。一切諸佛及諸佛法皆從此經出。且道。此經是何人說。師曰。說與不說一時拈向那邊著。只如和尚決定喚什麼作此經。

쌍암이 대답이 없으니, 대사가 경의 말씀을 들어 말하였다.

"일체 현인과 성인이 모두가 무위의 법으로써 차별을 두었다 하니, 이는 무위의 법으로써 극칙을 삼은 것인데, 무엇에 의하여 이런 차별이 있습니까? 그러면 이 차별이란 것은 허물인가요, 허물이 아닌가요? 허물이라면 모든 현성에게도 다 허물이 있을 것이요, 허물이 아니라면 결정코 무엇을 차별이라 하겠습니까?"

쌍암이 또 대답이 없으니, 대사가 말하였다.

"설봉의 도(道)요."

대사가 무주의 지자사(智者寺)에 있을 때 제일좌에 있으면서 평상시에 정수(淨水)를 받지 않으니, 일 보는 승려가 말하였다.

"어째서 더러운 것을 모르고 정수를 받지 않으십니까?"

대사가 자리에서 일어나 정병(淨缾)을 들고 말하였다.

"이것은 깨끗한가?"

일 보는 승려가 대답이 없으니, 대사가 정병을 깨뜨려 버렸다.

雙巖無對。師擧經云。一切賢聖皆以無為法而有差別。斯則以無為法為極則。憑何而有差別。且如差別是過不是過。若是過一切賢聖盡有過。若不是過決定喚什麼作差別。雙巖亦無語。師曰。雪峯道底。師在婺州智者寺居第一座。尋常不受淨水。主事僧問曰。因什麼不識觸淨水不肯受。師下床拈起淨缾曰。這箇是淨。主事無語。師乃撲破淨缾。

이로부터 대사의 명성이 널리 퍼져 대중들이 명초산에서 법문을 설하기를 청하니, 사방에서 모여든 선객들이 집에 가득하였다.

대사가 대중에게 말하였다.
"언덕 아래로 나아감도 없이 온통인 이낱을 만나고자 해도 만나기 어려우니, 만일 생사를 같이 하려는 이가 있다면 한 번 펼쳐본들 어찌 방해롭겠는가?"
이에 어떤 승려가 물었다.
"사자가 굴에서 나오기 전에는 어떠합니까?"
대사가 말하였다.
"날쌘 새매도 따라 잡을 수 없다."
"굴에서 나온 뒤에는 어떠합니까?"
"만 리라도 틀림없이 명중한다."
"나오려 하다가 나오지 않을 때에는 어떠합니까?"
"험."

師自爾道聲遐播。眾請居明招山開法。四來禪者盈於堂室。師謂眾曰。希逢一箇下坡不走快便難逢。若有同生同死何妨一展。僧問。獅子未出窟時如何。師曰。俊鷂趁不及。曰出窟後如何。師曰。萬里正紛紛。曰欲出不出時如何。師曰。嶮。

"모든 것을 초월했다는 것마저 세우지 않는 경지의 일은 어떠합니까?"
"잡(眨)."[26]

"어떤 것이 법신을 꿰뚫는 이전의 온통인 구절입니까?"
"등 뒤 북두(北斗)에서 몸을 뒤집어라."

"하루 종일 어떻게 향해 나가야겠습니까?"
"금강을 땅 위에다 던져라."

"문수와 유마가 마주 앉아 무엇을 이야기했습니까?"
"이미 갈건(葛巾)과 사모(紗帽)를 벗어서 저쪽으로 던졌느니라."

"어떤 것이 화상의 가풍입니까?"
"맞물리는 것은 분명하고 훌륭한 솜씨이다."

曰向上事如何。師曰。眨。問如何是透法身外一句子。師曰。北斗後翻身。問十二時中如何趣向。師曰。拋向金剛地上著。問文殊與維摩對譚何事。師曰。葛巾紗帽已拈向那邊著也。問如何是和尙家風。師曰。皲得著是好手。

---

26) 잡(眨) : '할'처럼 쓰인 말.

"연기 없는 불을 어떤 사람이 얻습니까?"
"눈썹을 아끼지 않는 사람이다."
"화상께서는 얻으셨습니까?"
"그대는 나의 눈썹이 얼마나 된다고 여기는가?"

대사가 새로 온 승려가 법당으로 올라가는 것을 보자 불자를 들어 던지니, 그 승려가 인사를 하고 물러갔다.
이에 대사가 말하였다.
"작가로구나, 작가야."

"온몸에 검을 찼을 때에는 어떠합니까?"
"홀연히 바로 이러할 때를 만났을 때에는 또 어찌하겠는가?"
승려가 대답이 없었다.

대사가 국태(國泰) 도(瑫) 화상에게 물었다.

問無煙之火是什麼人向得。師曰。不惜眉毛底。曰和尚還向得麼。師曰。汝道我有多少莖眉毛在。師見新到僧纔上法堂。乃舉拂子却擲下。其僧珍重便下去。師曰。作家作家。問全身佩劍時如何。師曰。忽遇正恁麼時又作麼生。僧無對。師問國泰瑫和尚。

"옛 사람이 말하기를 '구지(俱胝)는 다만 석 줄의 주문을 외워서 모든 사람을 초월했다는 이름을 얻었다.'라고 하는데, 그대는 어떻게 석 줄의 주문을 외워야 모든 사람을 초월했다는 이름을 얻을 수 있겠는가?"

국태가 한 손가락을 세우니, 대사가 말하였다.

"오늘 일이 아니었더라면 어찌 과주(瓜州)의 나그네가 얻었음을 알았겠는가?"

대사에게 사숙(師叔)이 있는데 병원방에서 심히 병을 앓고 있었다. 사숙이 글을 보내 물었다.

"나에게 이런 큰 병이 있어 지금 정말 고통을 받는데, 어디서고 편안히 있을 수가 없소. 어떤 이에게 구제를 얻을 수 있겠소?"

대사가 답장하여 보냈다.

"이 금강화살이 정수리에 적중하여 거기를 꿰뚫고 지나갔습니다."

古人道俱胝只念三行呪。便得名超一切人。作麼生與他拈却三行呪。便得名超一切人。國泰竪起一指。師曰。不因今日爭識得瓜洲客。師有師叔在廨院患甚。附書來問曰。某甲有此大病。如今正受疼痛。一切處安置伊不得。還有人救得麼。師乃迴信曰。頂門上中此金剛箭透過那邊去也。

어떤 승려가 대사의 법석에 있다가 하직하고 떠나 암자에 가서 살더니, 1년 만에 다시 와서 절을 하고 물었다.

"옛 사람이 3일 동안 서로 보지 못했다면, 옛날에 본 것으로 대하지 말라 하였습니다."

대사가 가슴을 드러내면서 물었다.

"그대는 내 가슴에 터럭이 몇 개나 있다고 여기는가?"

승려가 대답이 없었다.

이에 대사가 다시 승려에게 물었다.

"그대는 언제 암자에서 떠났는가?"

"오늘 아침에 떠났습니다."

대사가 말하였다.

"솥 다리를 부러뜨리고 올 때 누가 분부하였는가?"

승려가 또 말이 없으니, 대사가 할을 해서 내쫓았다.

有一僧曾在師法席。辭去住庵一年。後來禮拜曰。古人道。三日不相見莫作舊時看。師乃露胸問曰。汝道我有多少莖蓋膽毛。僧無對。師却問。汝什麼時離庵。曰今朝。師曰。來時折脚鐺子分付與阿誰。僧又無語。師乃喝出。

"듣건대 스님께서 말씀하시기를 '나는 명초(明招)의 마루턱에서 옛 부처의 마음을 전한다.'라고 하셨다는데, 어떤 것이 명초의 마루턱입니까?"

"눈을 바꿔라."

"어떤 것이 옛 부처의 마음입니까?"

"그대는 도리어 성급히 굴겠는가?"

"학인이 구름을 휘어잡고, 물결을 헤치면서 왔습니다. 스님께서 발우를 펴 주십시오."

"그대의 정수리를 부셔 버린다."

"역시 선타바라야 되겠군요."

대사가 몽둥이를 휘둘러 내쫓았다.

대사는 따로 게송을 지어 대중에게 보이고 말하였다.

問承。師有言。我住明招頂興傳古佛心。如何是明招頂。師曰。換却眼。曰如何是古佛心。師曰。汝還氣急麼。問學人拏雲攪浪上來請師展鉢。師曰。捼破汝頂。曰也須仙陀去。師乃棒趁出。師別有頌。示眾曰。

명초의 한 박자 맞추는 이 드무니
이것이 진종(眞宗)의 가장 묘한 기틀이라네
돌 부딪친 불똥은 어디로 갔는가
막 태어난 봉황이라야 화답하여 일치하리

대사가 명초산에서 산 지 40년 동안에 말한 어록이 제방에 두루 퍼졌다.

임종할 시기가 되자 상당하여 대중에게 고하여 뒷일을 맡기고, 그날 밤에 발을 펴면서 시자에게 물었다.

"옛날 석가여래는 두 발을 내보이면서 백 가지 보배 광명을 놓으셨는데, 오늘 나는 얼마나 되는 광명을 놓는다고 여기는가?"

시자가 대답하였다.

明招一拍和人希
此是真宗上妙機
石火瞥然何處去
朝生鳳子合應知
師住明招山四十載。語句流布諸方。將欲遷化上堂告眾囑付。其夜展足問侍者曰。昔釋迦如來展開雙足放百寶光明。汝道吾今放多少。侍者曰。

"학림(鶴林)²⁷⁾의 옛날이 화상의 오늘이십니다."
대사가 손으로 눈썹을 쓰다듬으면서 말하였다.
"저버린 것은 아닌가?"
또 게송을 말하였다.

쏜살같은 칼날이 많은 속에서도 위광을 온전히 다할 때까지
그대들은 응당 이 일을 잘 보호해 지녀라
불 속의 무쇠소가 새끼를 낳으니
갈림길에 임할 때 나의 기틀에 부합할 자 누구일꼬

게송을 마치자 편안히 앉아 조용히 떠나니, 지금도 탑이 남아 있다.

昔日鶴林今日和尚。師以手拂眉曰。莫孤負麼。又說偈曰。
驀刀叢裏逞全威
汝等應當善護持
火裏鐵牛生犢子
臨岐誰解湊吾機
偈畢安坐寂然長往。今塔院存焉。

---

27) 학림(鶴林) : 부처님 열반 당시 흰색으로 변하였다는 숲.

 토끼뿔

∽ "모든 것을 초월했다는 것마저 세우지 않는 경지의 일은 어떠합니까?" 했을 때

대원은 "어떤가?" 하리라.

∽ "하루 종일 어떻게 향해 나가야겠습니까?" 했을 때

대원은 "이렇게만 하라." 하리라.

∽ "문수와 유마가 마주 앉아 무엇을 이야기했습니까?" 했을 때

대원은 "맞장구를 쳤느니라." 하리라.

∽ "듣건대 스님께서 말씀하시기를 '나는 명초(明招)의 마루턱에서 옛 부처의 마음을 전한다.'라고 하셨다는데, 어떤 것이 명초의 마루턱입니까?" 했을 때

대원은 "마루턱이다." 하리라.

형주(衡州) 화광(華光) 범(範) 선사

범(範) 선사에게 어떤 승려가 물었다.
"영대(靈臺)[28]는 세울 수도 없는 것인데, 몸이 태어날 곳인들 있겠습니까?"
대사가 말하였다.
"있다."
"어떤 것이 몸이 태어난 곳입니까?"
"나왔다."

"어떤 것이 서쪽에서 오신 뜻입니까?"
"일렀다."

"어떤 것이 불법의 대의입니까?"
"험."

衡州華光範禪師。僧問。靈臺不立還有出身處也無。師曰。有。曰如何是出身處。師曰。出。問如何是西來意。師曰。道。問如何是佛法大意。師曰。驗。

---

28) 영대(靈臺) : 주나라 문왕이 세웠다는 누대로, 왕이 노니는 곳. 여기서는 자성을 비유한다.

"우두가 4조를 보기 전에는 어떠합니까?"
"자유자재하니라."
"본 뒤에는 어떠합니까?"
"자유자재하니라."

"어떤 것이 불법 가운데 일입니까?"
"마쳤다."

問牛頭未見四祖時如何。師曰。自由自在。曰見後如何。師曰。自由自在。問如何是佛法中事。師曰。了。

 토끼뿔

"어떤 것이 몸이 태어난 곳입니까?" 했을 때

대원은 엄지를 세워 보이리라.

복주(福州) 나산(羅山) 소자(紹孜) 선사

소자 선사가 법상에 오르자 몇몇 승려가 앞을 다투어 나서서 물으니, 대사가 말하였다.

"오직 일시에 나와 묻는 것은 내가 일시에 대답하기를 기다려서이리라."

승려가 선뜻 물었다.

"학인이 일시에 물었으니, 스님께서 일시에 대답해 주십시오."

대사가 말하였다.

"득."

"학인이 금방 총림에 들어왔으니 스님께서 조사의 확실한 뜻을 바로 보여 주십시오."

"좋다."

福州羅山紹孜禪師。上堂。有數僧爭出問話。師曰。但一時出來問待老僧一時答却。僧便問。學人一齊問請師一齊答。師曰。得。問學人乍入叢林。祖師的的意請師直指。師曰。好。

 토끼뿔

"학인이 금방 총림에 들어왔으니 스님께서 조사의 확실한 뜻을 바로 보여 주십시오." 했을 때

대원은 "더 분명할 수 없다." 하리라.

서천(西川) 혜(慧) 선사

혜(慧) 선사가 처음에 나산(羅山)을 참문하니 나산이 물었다.
"어디서 왔는가?"
대사가 말하였다.
"멀리는 서촉(西蜀)에서 떠났고, 가까이는 개원(開元)에서 왔습니다. 지금의 일은 어떻습니까?"
나산이 읍(揖)하면서 말하였다.
"차나 마셔라."
이에 대사가 한참 잠자코 있으니, 나산이 말하였다.
"가을날이 약간 따뜻하구나. 가거라."
이튿날 나산이 법상에 오르니, 대사가 나서서 물었다.
"문을 활짝 열고 마루에 나선 이는 누구입니까?"
나산이 할을 하니, 대사가 한참 잠자코 있었다.
이에 나산이 말하였다.

西川慧禪師。初參羅山。羅山問。什麼處來。師曰。遠離西蜀近發開元。即今事作麼生。羅山揖曰。喫茶去。師良久無言。羅山曰。秋氣稍暖去。羅山來日上堂。師出問。豁開戶牖當軒者誰。羅山乃喝。師良久。羅山曰。

"잔털도 나지 않았구나. 가거라."

이로 인하여 제자의 예를 갖추고 오래 받들어 모시다가 수기를 받았다.

뒤에 태주(台州) 승광(勝光)에게 참문했는데 승광이 승상(繩床)에 앉아 있었다. 대사가 곧장 승광의 곁으로 가서 차수하고 서 있으니, 승광이 물었다.

"어디서 왔는가?"

대사가 말하였다.

"아직도 대답을 기다리고 계시는가요?"

그리고는 바로 내려갔다. 승광이 주장자와 불자를 들고 승당 앞으로 내려왔다가, 대사를 보자 불자를 세우고 물었다.

"그대는 이것을 무엇이라 부르는가?"

대사가 대답하였다.

"죽도록 헐떡거린 기운이군요."

승광이 고개를 숙이고 방장실로 돌아갔다.

毛羽未備且去。師因而摳衣久承印記。後謁台州勝光。光在繩床上坐。師直入到身邊叉手立光問。什麼處來。師曰。猶待答話在。師便下去。光拈得拄杖拂子下。僧堂前見師提起拂子問曰。闍梨喚這箇作什麼。師曰。敢死喘氣。光低頭歸方丈。

토끼뿔

"그대는 이것을 무엇이라 부르는가?" 했을 때

대원은 "더없는 망상이다." 하리라.

건주(建州) 백운(白雲) 영엄(令弇) 화상

영엄 화상이 법상에 올라 대중에게 말하였다.
"선생(先生)[29]의 문하에 가라고 보낸다면 누구를 상주(喪主)라고 대하겠는가? 안녕."
어떤 승려가 물었다.
"자기의 일을 밝히지 못했으면서 무엇으로 증험을 삼겠습니까?"
대사가 말하였다.
"나무 거울에 흰 얼굴을 비춘다."
"증험한 뒤에는 어찌합니까?"
"넓은 도량은 다투지 않는다."

"세 정승의 초청이 있고 사부대중이 자리에 모였습니다. 이미 어진 이의 위치에 계시니, 스님께서 한 곡조 불러 주십시오."

建州白雲令弇和尚。師上堂謂眾曰。遣往先生門誰云對喪主。珍重。僧問。己事未明以何為驗。師曰。木鏡照素容。曰驗後如何。師曰。不爭多。問三台有請四眾臨筵。既處當仁請師一唱。

---

29) 선생(先生) : 열반하신 선대의 스승.

"부르자면 어려울 것이 없다."

"스님께서 불러 주십시오."

"밤은 고요하고 물은 맑아 고기가 물지 않으니, 빈 배에 밝은 달만 가득히 싣고 돌아가네."

師曰。要唱即不難。曰便請師唱。師曰。夜靜水清魚不食滿船空載月明歸。

 토끼뿔

"세 정승의 초청이 있고 사부대중이 자리에 모였습니다. 이미 어진 이의 위치에 계시니, 스님께서 한 곡조 불러 주십시오." 했을 때

대원은 "평해 봐라." 하리라.

건주(虔州) 천축(天竺) 의징(義澄) 상진(常眞) 선사

상진 선사가 처음에 나산(羅山)을 참문하고 몇 해를 지내는데, 나중에 나산이 병이 나자 대사가 물었다.
"나산 화상께서 떠나신 백 년 뒤, 홀연히 어떤 사람이 화상께서는 무엇으로 가리켜 보였는가를 물으면 어찌할까요?"
나산이 몸을 벌렁 넘어뜨리니, 대사가 이로부터 깨달았다.

승려가 물었다.
"어떤 것이 불법의 대의입니까?"
대사가 말하였다.
"추위와 더위가 서로 재촉하네."

虔州天竺義澄常眞禪師。初參羅山棲泊數載。後因羅山在疾。師問。百年後忽有人。問和尚以何指示。羅山乃放身便倒。師從此契悟。僧問。如何是佛法大意。師曰。寒暑相催。

"황제의 분부도 계셨고, 대중이 자리에 모였습니다. 스님께서 제창해 주십시오."

"알았다, 알았어."

"그러면 인간과 하늘도 믿음이 있겠습니다."

"그대는 어떠한가?"

問聖皇請命大眾臨筵。請師擧。師曰。領領。曰恁麼即人天有賴也。師曰。汝作麼生。

 토끼뿔

"어떤 것이 불법의 대의입니까?" 했을 때

대원은 "뜰 앞에 소나무니라." 하리라.

길주(吉州) 청평(清平) 유광(惟曠) 진적(眞寂) 선사

진적 선사가 법상에 올라 말하였다.
"움직임 없는 불가사의한 뜻에 승리와 패배란 뜻이 있다 하겠는가? 있다면 나와 봐라."
이 때에 어떤 승려가 나서서 절을 하니, 대사가 말하였다.
"작가가 못 되니, 나가라."

"어떤 것이 제일구입니까?"
"머리가 필요하다면 취해가라."

"어떤 것이 활인검(活人劍)입니까?"
"알겠는가?"
"어떤 것이 살인도 입니까?"
대사가 꾸짖었다.

吉州清平惟曠真寂禪師。師上堂云。不動神情便有輸贏之意。還有麼出來。時有僧出禮拜。師云。不是作家出去。僧問。如何是第一句。師曰。要頭將取去。問如何是活人劍。師曰。會麼。曰如何是殺人刀。師叱之。

"어떤 것이 사자의 새끼입니까?"
"털끝으로 우주를 제거한다."

問如何是獅子兒。師曰。毛頭排宇宙。

 토끼뿔

◌ "어떤 것이 제일구입니까?" 했을 때

대원은 "더 이상 드러낼 것 없다." 하리라.

◌ "어떤 것이 활인검(活人劍)입니까?" 했을 때

대원은 "그대를 이렇게 대한 것이다." 하고

"어떤 것이 살인도 입니까?" 했을 때

대원은 때리리라.

무주(婺州) 금주(金柱) 의소(義昭) 화상

의소 화상에게 어떤 승려가 물었다.
"어떤 것이 화상의 가풍입니까?"
대사가 말하였다.
"열린 문에서 산다."
"홀연히 도적이 오면 어찌합니까?"
"이러-하니라."

새로 온 승려가 와서 뵈니, 대사가 발을 걷고 손으로 모자 벗는 시늉을 하였다. 이에 승려가 가까이 다가서려 하니, 대사가 말하였다.
"사람을 속이는구나."

대사가 어떤 일로 인하여 게송을 지었다.

婺州金柱義昭和尚。僧問。如何是和尚家風。師曰。開門作活。僧云。忽遇賊來又怎麼生。師曰。然。有新到僧參。師揭簾以手作除帽子勢。僧擬欲近前。師云。賺殺人。師因事而有頌曰。

호랑이 머리에 난 뿔, 사람이 만지기 어렵다지만
본래 빈틈없어 전광석화처럼 드러낸다
넉넉한 열사(烈士)라 하여도 또한 응하기 어렵다 하나
어리숙하지만 능히 가릴 줄 안다

虎頭生角人難措
石火電光須密布
假饒烈士也應難
懞底那能解差互

🐰 토끼뿔

"홀연히 도적이 오면 어찌합니까?" 했을 때

대원은 "다 내놨느니라." 하리라.

담주(潭州) 곡산(谷山) 화상

곡산 화상에게 어떤 승려가 물었다.
"요긴한 곳을 스님께서 한 말씀 내려 주십시오."
대사가 일어나서 가버렸다.

"영양(羚羊)이 뿔을 걸었을 때에는 어떠합니까?"
대사가 말하였다.
"그대는 어느 곳을 향해서 찾는가?"
"뿔을 건 뒤에는 어떠합니까?"
"달린다."

潭州谷山和尚。僧問。省要處乞師一言。師乃起去。問羚羊掛角時如何。師曰。你向什麼處覓。曰掛角後如何。師曰。走。

 토끼뿔

∽ "요긴한 곳을 스님께서 한 말씀 내려 주십시오." 했을 때

대원은 "그것 이상 요긴할 것 없다." 하리라.

∽ "영양(羚羊)이 뿔을 걸었을 때에는 어떠합니까?" 했을 때

대원은 "있지 않은 곳이 없다." 하고

"뿔을 건 뒤에는 어떠합니까?" 했을 때

대원은 "어떠냐?" 하리라.

호남(湖南) 유양(瀏陽) 도오산(道吾山) 종성(從盛) 선사

종성 선사는 처음에 고안(高安)의 용회(龍廻)에 살았다.
어떤 승려가 물었다.
"어떤 것이 마주 보는 일입니까?"
대사가 말하였다.
"신라국으로 갔느니라."

"어떤 것이 용회의 가풍입니까?"
"자유자재로 곧게 쏘느니라."

"어떤 것이 영원(靈源)[30]입니까?"
"무엇을 의심하는가?"
"가까이 하는 이는 어찌합니까?"
"사람이 물을 마시는 것과 같다."

湖南瀏陽道吾山從盛禪師。師初住高安龍迴。有僧問。如何是覿面事。師曰。新羅國去也。問如何是龍迴家風。師曰。縱橫射直。問如何是靈源。師曰。嫌什麼。曰近者如何。師曰。如人飲水。

---

30) 영원(靈源) : 마음의 근원.

"궁한 사람이 스님께 귀의하였으니, 구제의 손길을 펴 주십시오."

"그대를 너무 무시하는 것이 아닌가?"

"궁한데야 어찌하겠습니까?"

"많은 사람이 보고 있다."

問窮子投師乞師拯濟。師曰。莫是屈著汝麼。曰爭奈窮何。師曰。大有人見。

 토끼뿔

"어떤 것이 마주 보는 일입니까?" 했을 때

대원은 "바로 이렇다." 하리라.

복주(福州) 나산(羅山) 의인(義因) 선사

의인 선사가 법상에 올라 대중에게 보이고 말하였다.
"만일 참다운 종문의 나그네라면 반드시 나산을 괴이하게 여기지는 않을 것이다. 안녕."
어떤 승려가 물었다.
"듣건대 옛 사람이 말하기를 '조계의 길을 안 뒤에는 생사에 전혀 관계없는 것을 알았다.'라고 하였는데, 조계의 길은 묻지 않겠거니와 어떤 것이 나산의 길입니까?"
대사가 두 손을 벌리니, 승려가 말하였다.
"그러면 한 길로 통하고 모든 길도 또한 그러하겠습니다."
"무엇이 여러 길인가?"
승려가 앞으로 가까이 서니, 대사가 말하였다.

福州羅山義因禪師。師上堂示衆曰。若是宗師門下客必不怪於羅山。珍重。僧問。承古人有言。自從認得曹谿路了知生死不相關。曹谿即不問。如何是羅山路。師展兩手。僧曰。恁麼即一路得通諸路亦然。曰什麼諸路。僧近前立。師曰。

"영특한 학은 구름 밖으로 날아갔는데, 둔한 새는 여전히 둥우리를 떠나지 못하는구나."

"듣건대 경전에서 말하기를 '법신에 순응하면 만상(萬象)이 모두 고요하고, 지혜의 작용을 따르면 만상이 가지런히 난다.'라고 하는데, 어떤 것이 만상이 모두 고요한 것입니까?"

"무엇이 있다 하는가?"

"어떤 것이 만상이 가지런히 나는 것입니까?"

"승상(繩床)과 의자니라."

靈鶴煙霄外鈍鳥不離窠。問承敎中有言。順法身萬象俱寂。隨智用萬象齊生。如何是萬象俱寂。師曰。有什麽。曰如何是萬象齊生。師曰。繩床椅子。

토끼뿔

"듣건대 옛 사람이 말하기를 '조계의 길을 안 뒤에는 생사에 전혀 관계없는 것을 알았다.'라고 하였는데, 조계의 길은 묻지 않겠거니와 어떤 것이 나산의 길입니까?" 했을 때

대원은 "경부선 고속도로, 서해안 고속도로니라." 하리라.

관주(灌州) 영암(靈巖) 화상

영암 화상에게 어떤 승려가 물었다.
"어떤 것이 도(道) 가운데 보배입니까?"
대사가 말하였다.
"땅은 동남쪽으로 기울었고, 하늘은 서북쪽으로 높으니라."
"학인은 잘 모르겠습니다."
"지는 해가 기틀 앞에서 뛰어남이니라."

대사는 석공(石鞏)이 삼평(三平)을 제접하던 일[31]을 게송으로 읊었다.

灌州靈巖和尙。僧問。如何是道中寶。師曰。地傾東南天高西北。日學人不會。師曰。落照機前異。師頌石鞏接三平曰。

---

31) 전등록 14권 장주 삼평산 의충 선사 참고.
전등록 6권 석공 혜장 선사 참고.

가슴을 향하는 화살을 가를 줄 아는데
어째서 반 사람 뿐이라 했을까
가고 오는 길에서 아는 것이라
온 몸이랄 것도 없다.

解擘當胸箭
因何只半人
為從途路曉
所以不全身

 토끼뿔

"어떤 것이 도(道) 가운데 보배입니까?" 했을 때

대원은 엄지를 세우고 "이것이다." 하리라.

길주(吉州) 광산(匡山) 화상

광산 화상이 대중에게 보이고 게송으로 말하였다.

광산(匡山)의 길이여, 광산의 길이여
벼랑이 험해서 오르기 어렵다네
떠도는 사람 헤아리면 천산이 막히고
일구(一句)에 분명하면 불조를 초월하리

吉州匡山和尙。師有示徒頌曰。
匡山路匡山路
巖崖嶮峻人難措
遊人擬議隔千山
一句分明超佛祖

또 백우송(白牛頌)을 지었다.

나에게 옛 터의 참 백우(白牛)가 있으니
아버지와 아들이 몇 가을을 간직했던가
문밖에 나서면 곧장 봉우리를 꿰뚫었고
돌아와선 잠시 호계(虎谿)[32]에 걸터앉네

又有白牛頌曰。
我有古壇眞白牛
父子藏來經幾秋
出門直透孤峯頂
迴來暫跨虎谿頭

---

32) 호계(虎溪) : 계곡의 이름.

 토끼뿔

대사의 두 송을 보고 대원은 이르노라.

광산(匡山)의 길이여, 광산의 길이여
오를 것 내릴 것도 없다네
오는 이 가는 이와 차 나누며
주고 받는 말마다 도라네

나에게 한 백우(白牛)가 있으니
삼세에 한결같이 살아서
모든 일에 이러히 응하나
온 시방이 온전히 몸이라네

복주(福州) 흥성(興聖) 중만(重滿) 선사

중만 선사가 법상에 올라 대중에게 보이고 말하였다.
"마주 보고 전해줄 때에 문자에 의하지 않고, 눈길이 마주칠 때 기틀에 통하면 부처님 가르침을 모두 따르는 상사(上士)[33]라 부른다. 만일 이렇다면 그 까닭에 종풍이 무너지지 않으리라."
어떤 승려가 물었다.
"어떤 것이 종풍을 무너지지 않게 하는 구절입니까?"
대사가 말하였다.
"노승이 참을 수 없구나."

"옛날 영산회상의 일을 오늘 아침에 흥성의 법석에서 화상께서 친히 전하시는데, 어떻게 거량하시겠습니까?"
"그대의 한 질문이 흠이로구나."

福州興聖重滿禪師。上堂示眾曰。覿面分付不待文宣。對眼投機喚作參玄上士。若能如此所以宗風不墜。僧問。如何是宗風不墜底句。師曰。老僧不忍。問昔日靈山會裏。今朝興聖筵中。和尚親傳如何舉唱。師曰。欠汝一問。

---

33) 상사(上士) : 깊은 이치를 깨달은 뛰어난 분.

 토끼뿔

⌒ "어떤 것이 종풍을 무너지지 않게 하는 구절입니까?" 했을 때

대원은 "죽비는 한 몸에 두 조각이다." 하리라.

⌒ "옛날 영산회상의 일을 오늘 아침에 홍성의 법석에서 화상께서 친히 전하시는데, 어떻게 거량하시겠습니까?" 했을 때

대원은 "거량을 평해 봐라." 하리라.

담주(潭州) 보응(寶應) 청진(淸進) 선사

청진 선사에게 어떤 승려가 물었다.
"어떤 것이 실상(實相)입니까?"
대사가 말하였다.
"그대를 묻어버리는구나."

"지극한 이치는 말이 없는데, 어떻게 소식을 통해야겠습니까?"
"천차만별이니라."
"힘 얻는 곳을 스님께서 가리켜 보여 주십시오."
"잠꾸러기 놈아."

潭州寶應清進禪師。僧問。如何是實相。師曰。沒却汝。問至理無言如何通信。師曰。千差萬別。曰得力處乞師指示。師曰。瞌睡漢。

 토끼뿔

ᘓ "어떤 것이 실상(實相)입니까?" 했을 때

대원은 "섣달 십구일 진시에는 하늘에 해가 둘이다." 하리라

ᘓ "지극한 이치는 말이 없는데, 어떻게 소식을 통해야겠습니까?" 했을 때

대원은 "이러하다." 하고

"힘 얻는 곳을 스님께서 가리켜 보여 주십시오." 했을 때

대원은 "더 드러낼 수 없다." 하리라.

앞의 안주(安州) 백조산(白兆山) 지원(志圓) 선사의 법손

낭주(朗州) 대룡산(大龍山) 지홍(智洪) 홍제(弘濟) 대사

홍제 대사에게 어떤 승려가 물었다.
"어떤 것이 부처입니까?"
대사가 말하였다.
"바로 그대이니라."
"어떻게 알아야 하겠습니까?"
"발우에 다시 손잡이가 없다고 불평하면 어찌하겠는가?"

前安州白兆山志圓禪師法嗣 朗州大龍山智洪弘濟大師。僧問。如何是佛。師曰。即汝是。曰如何領會。師曰。更嫌鉢盂無柄那。

"어떤 것이 미묘함입니까?"

"바람은 물소리를 베개 곁으로 보내오고, 달은 산그림자를 옮겨다가 침대 앞에 이르게 한다."

"어떤 것이 극칙이 되는 곳입니까?"

"봄 달빛은 가을 달빛에 미치지 못한 것을 한탄한다."

問如何是微妙。師曰。風送水聲來枕畔。月移山影到牀邊。問如何是極則處。師曰。懊惱三春月不及九秋光。

 토끼뿔

∽ "어떤 것이 미묘함입니까?" 했을 때

대원은 "만상 삼라니라." 하리라.

∽ "어떤 것이 극칙이 되는 곳입니까?" 했을 때

대원은 뺨 한 대 때리고 "알겠느냐?" 하리라.

양주(襄州) 백마산(白馬山) 행애(行靄) 선사

행애 선사에게 어떤 승려가 물었다.
"어떤 것이 청정법신입니까?"
대사가 말하였다.
"우물 속의 청개구리가 달을 삼킨다."

"어떤 것이 백마의 바른 안목입니까?"
"남쪽을 향해 북두칠성을 보아라."

襄州白馬山行靄禪師。僧問。如何是淸淨法身。師曰。井底蝦蟇吞却月。問如何是白馬正眼。師曰。向南看北斗。

 토끼뿔

"어떤 것이 청정법신입니까?" 했을 때

대원은 "붉은 장미니라." 하리라.

영주(郢州) 대양산(大陽山) 행충(行沖) 선사(제1세 주지)

행충 선사에게 어떤 승려가 물었다.
"어떤 것이 무진장(無盡藏)입니까?"
대사가 말없이 보이니, 승려가 말이 없었다.
이에 대사가 말하였다.
"가까이 오라."
그 승려가 막 가까이 오자, 대사가 말하였다.
"가거라."

郢州大陽山行沖禪師(第一世住)。僧問。如何是無盡藏。師良久。僧無語。師曰。近前來。僧纔近前。師曰。去。

 토끼뿔

"어떤 것이 무진장(無盡藏)입니까?" 했을 때

대원은 "무진장이다." 하리라.

안주(安州) 백조산(白兆山) 축건원(竺乾院) 회초(懷楚) 선사(제2세 주지)

회초 선사에게 어떤 승려가 물었다.
"어떤 것이 구절마다 현묘한 길을 걷는 것입니까?"
대사가 말하였다.
"길을 따라 가면 바로 호남에 이른다."

"어떤 것이 사자의 새끼입니까?"
"덕산이 용담의 뒤를 이었다."

"어떤 것이 화상께서 사람을 위하는 한 구절입니까?"
"그대는 깨끗해서 원수가 없으니, 일구는 원래 이 속에 있다."
"어느 쪽에 있습니까?"
"이 둔한 놈아."

安州白兆山竺乾院懷楚禪師(第二世住)。僧問。如何是句句須行玄路。師曰。沿路直到湖南。問如何是獅子兒。師曰。德山嗣龍潭。問如何是和尚爲人一句。師曰。與汝素無冤讎。一句元在這裏。曰未審在什麼方所。師曰。這鈍漢。

 토끼뿔

∽ "어떤 것이 구절마다 현묘한 길을 걷는 것입니까?" 했을 때

대원은 "전체로 보는 일상이니라." 하리라.

∽ "어떤 것이 사자의 새끼입니까?" 했을 때

대원은 "부르면 안다" 하리라.

기주(蘄州) 사조산(四祖山) 청교(淸皎) 선사

청교 선사는 복주(福州) 사람으로 성은 왕(王)씨이다. 처음에 영주의 대양산에서 제2세 주지로 있었다.
어떤 승려가 물었다.
"스님은 누구의 곡조를 부르시고, 종풍은 누구의 것을 이으셨습니까?"
대사가 말하였다.
"해사암(楷師巖) 곁에 상서로운 구름이 일고, 보수봉(寶壽峯) 앞에 법의 우뢰가 울린다."

대사는 다음에 안주(安州)의 혜일원(慧日院)에 살다가 마지막으로 기주의 사조산으로 옮겨와서 제1세 주지로 살았다.
70세가 되던 해에 게송을 남겼다.

蘄州四祖山淸皎禪師。福州人也。姓王氏。初住郢州大陽山為第二世。僧問。師唱誰家曲宗風嗣阿誰。師曰。楷師巖畔祥雲起。寶壽峯前震法雷。師次住安州慧日院。後遷止蘄州四祖山為第一世。年七十時遺偈云。

내 나이 여든 여덟 살이면
온 머리에 백발이 덮이리라
우뚝우뚝한 안산의 쌍봉이고
밝고 밝은 천 강물의 달이로다

황매[34])께서 조사의 가르침을 폈으니
길이길이 종지를 받들진저
날마다 자손들에게 일러
끊임이 없도록 하게

순화(淳化) 4년 계사 8월 23일에 입적하니, 나이는 88세였다.

吾年八十八
滿頭垂白髮
顚顚鎭雙峯
明明千江月
黃梅揚祖敎
白兆承宗訣
日日告兒孫
勿令有斷絕
淳化四年癸巳八月二十三日入滅。年八十八。

---

34) 황매 : 5조 홍인 대사.

토끼뿔

"스님은 누구의 곡조를 부르시고, 종풍은 누구의 것을 이으셨습니까?" 했을 때

대원은 "석가는 고행상으로 유명하고, 포대 화상은 배 큰 것으로 유명하다." 하리라.

기주(蘄州) 삼각산(三角山) 지조(志操) 선사(제3세 주지)

지조 선사에게 어떤 승려가 물었다.
"교법이 아무리 많지만 종지는 하나로 돌아가는데, 화상께서는 어째서 여러 지방을 돌아다니며 허다히 설하십니까?"
대사가 말하였다.
"너야말로 여러 지방을 돌아다니는 자이구나."
"화상께 지금이 곧 옛날인 소식을 청합니다."
대사가 손으로 승상(繩牀)을 두드렸다.

蘄州三角山志操禪師(第三世住)。僧問。教法甚多宗歸一貫。和尚為什麼說得許多周遊者也。師曰。為你周遊者也。曰請和尚即古即今。師以手敲繩牀。

 토끼뿔

"화상께 지금이 곧 옛날인 소식을 청합니다." 했을 때

대원은 "내게는 그런 것 없다." 하리라.

진주(晋州) 홍교(興敎) 사보(師普) 선사

사보 선사에게 어떤 승려가 물었다.
"용궁에 가득한 장경은 묻지 않겠습니다. 어떤 것이 교리 이외에 따로 전하신 법입니까?"
대사가 말하였다.
"눈, 귀, 코의 속이니라."
"이것이면 되지 않겠습니까?"
"이것이라는 것이 무엇인가?"
승려가 "돌(咄)."하니, 대사도 "돌."하였다.

대사가 승려에게 물었다.
"요새 어디서 떠났는가?"
"하채(下寨)에서 떠났습니다."
"도적을 만났는가?"

晉州興教師普禪師。僧問。盈龍宮溢海藏真詮即不問。如何是教外別傳底法。師曰。眼裏耳裏鼻裏。曰只此便是否。師曰。是什麼。僧咄。師亦咄。問僧。近離什麼處。曰下寨。師曰。還逢著賊麼。

"오늘 잡았습니다."
"그대에게 30방망이를 때리리라."

曰今日捉下。師曰。放汝三十棒。

 토끼뿔

"용궁에 가득한 장경은 묻지 않겠습니다. 어떤 것이 교리 이외에 따로 전하신 법입니까?" 했을 때

대원은 "무등산에 갑사 바위니라." 하리라.

기주(蘄州) 삼각산(三角山) 진감(眞鑒) 선사(제4세 주지)

진감 선사에게 어떤 승려가 물었다.
"스님은 누구의 곡조를 부르시고, 종풍은 누구의 것을 이으셨습니까?"
대사가 말하였다.
"홀연히 조정의 영이 내리니, 마루와 섬돌을 내려오는 이를 보게 된다."

蘄州三角山眞鑒禪師(第四世住)。僧問。師唱誰家曲宗風嗣阿誰。師曰。忽然行政令便見下堂堦。

 토끼뿔

"스님은 누구의 곡조를 부르시고, 종풍은 누구의 것을 이으셨습니까?" 했을 때

대원은 "어찌 보지 못하고 듣지 못했는고?" 하리라.

앞의 담주(潭州) 등하(藤霞) 화상의 법손

예주(澧州) 약산(藥山) 화상(제7세 주지)

약산 화상이 법상에 올라 대중에게 말하였다.
"반야를 배우는 보살은 얻고 잃는 것을 두려워하지 않는다. 일이 있으니 가까이 오라."
이 때에 어떤 승려가 물었다.
"약산 조사의 후예를 스님께서 제창해 주십시오."
"일만 기틀에서 끌어내려 해도 나올 것 없다."
"어찌하여 일만 기틀에서 끌어내도 나올 것이 없습니까?"
"저 언덕이 골짜기를 둘렀구나."

前潭州藤霞和尚法嗣 澧州藥山和尚(第七世住)。師上堂謂眾曰。夫學般若菩薩不懼得失。有事近前。時有僧問。藥山祖裔請師擧唱。師曰。萬機挑不出。曰為什麼萬機挑不出。師曰。他緣岸谷。

"어떤 것이 약산의 가풍입니까?"
"잎이 떨어지니 처음과 같지 않다."

"법뢰(法雷)가 우르렁거릴 때에는 어떠합니까?"
"우주는 흔들린 적이 없느니라."
"어째서 흔들린 적이 없습니까?"
"온 사바세계에서 일찍이 우르렁거린 적이 없느니라."
"우르렁거림이 없는 일이 어떠합니까?"
"온 나라에 아는 이가 없다."

問如何是藥山家風。師曰。葉落不如初。問法雷哮吼時如何。師曰。宇宙不曾震。曰爲什麼不曾震。師曰。徧地娑婆未嘗哮吼。曰不哮吼底事如何。師曰。蓋[35)]國無人知。

---

35) 蓋가 원나라본에는 闔로 되어 있다.

 토끼뿔

"어떤 것이 약산의 가풍입니까?" 했을 때

대원은 "빌리러 오면 베풀고, 팔려고 오면 팔아준다." 하리라.

앞의 담주(潭州) 운개산(雲蓋山) 경(景) 화상의 법손

형악(衡嶽) 남대사(南臺寺) 장(藏) 선사

장(藏) 선사에게 어떤 이가 물었다.
"멀리서 스님을 찾아왔으니 스님께서 한 번 제접해 주십시오."
대사가 말하였다.
"막힌 문이 없다."

"어떤 것이 남대의 경지입니까?"
"솔바람이 울릴 때에도 돌은 끄떡하지 않고, 우뚝한 봉우리 밑은
가지런하기가 어려우니라."

前潭州雲蓋山景和尙法嗣 衡嶽南臺寺藏禪師。問遠遠投師請師一接。師
曰。不隔戶。問如何是南臺境。師曰。松韻拂時石不點。孤峯山下疊難齊。

"어떤 것이 경지 안의 사람입니까?"
"바위 앞에서 들 과일을 재배해서 오가는 사람을 대접한다."
"그러면 공양을 감사히 여기겠습니다."
"맛이 어떤가?"

"어떤 것이 법당입니까?"
"벽이 없느니라."

"모든 인연을 돌아보지도 않을 때에는 어떠합니까?"
대사가 말없이 보였다.

曰如何是境中人。師曰。巖前栽野果接待往來賓。曰恁麼則謝供養。師曰。怎生滋味。問如何是法堂。師曰。無壁落。問不顧諸緣時如何。師良久。

 토끼뿔

༄ "멀리서 스님을 찾아왔으니 스님께서 한 번 제접해 주십시오." 했을 때

대원은 "이만한 제접이 어떠냐?" 하리라.

༄ "어떤 것이 법당입니까?" 했을 때

대원은 죽비를 세우리라.

༄ "모든 인연을 돌아보지도 않을 때에는 어떠합니까?" 했을 때

대원은 "남산의 타워니라." 하리라.

유주(幽州) 담자수(潭柘水) 종실(從實) 선사

종실 선사에게 어떤 승려가 물었다.
"어떤 것이 도입니까?"
대사가 말하였다.
"거기에는 붉고 검은 것이 없느니라."
"어떤 것이 선(禪)입니까?"
"백운란도 같이 하지 못한다."

대사가 어떤 승려에게 물었다.
"무엇 하러 왔는가?"
"스님을 친견하러 왔습니다."
"백운은 제멋대로 산마루에 모였는데, 어찌하여 푸른 하늘은 펼쳐진 적 없이 나타나 있는가?"

幽州潭柘水從實禪師。僧問。如何是道。師曰。箇中無紫皁。曰如何是禪。師曰。不與白雲連[36]。師問僧。作什麼來。曰親近來。師曰。任汝白雲朝嶽頂。爭奈青霄不展顏。

---

36) 連이 여기서는 '산 이름 (란)'의 뜻으로 쓰임.

토끼뿔

"어떤 것이 선(禪)입니까?" 했을 때

대원은 "모자람 없는 활동에 다른 물건 없는 것이니라." 하리라.

담주(潭州) 운개산(雲蓋山) 증각(證覺) 선사

증각 선사에게 어떤 승려가 물었다.
"어떤 것이 화상의 가풍입니까?"
대사가 말하였다.
"사해(四海)라고 하지만 일찍이 통한 적도 없다."

"어떤 것이 한 티끌이 법계를 머금는 것입니까?"
"온통인 몸인 성품은 원상이라 할 수도 없느니라."
"어떤 것이 9세(九世)니 찰나니가 나뉘어진 것입니까?"
"번성하게 일으키나 빛도 베푼 적 없다."

"어떤 것이 종문 안의 분명한 뜻입니까?"
"만리밖의 호승(胡僧)37)은 물결 속으로 들어가지 않았다."

潭州雲蓋山證覺禪師。僧問。如何是和尚家風。師曰。四海不曾通。問如何是一塵含法界。師曰。通身體不圓。曰如何是九世刹那分。師曰。繁興不布彩。問如何是宗門中的的意。師曰。萬里胡僧不入波瀾。

---

37) 호승(胡僧) : 외국의 승려.

 토끼뿔

∽ "어떤 것이 한 티끌이 법계를 머금는 것입니까?" 했을 때

대원은 "이렇느니라." 하리라.

∽ "어떤 것이 9세(九世)니 찰나니가 나뉘어진 것입니까?" 했을 때

대원은 죽비로 자리를 한 번 치리라.

∽ "어떤 것이 종문 안의 분명한 뜻입니까?" 했을 때

대원은 "석등이 이른다." 하리라.

앞의 여산(廬山) 귀종(歸宗) 회운(懷惲) 선사의 법손

귀종사(歸宗寺) 홍장(弘章) 선사(제4세 주지)

홍장 선사에게 어떤 승려가 물었다.
"학인이 의심이 있을 때에는 어찌합니까?"
대사가 말하였다.
"의심을 한 지 얼마나 되는가?"

"작은 배로 큰 바다를 건널 때에는 어떠합니까?"
"비슷하다."

前廬山歸宗懷惲禪師法嗣 歸宗寺弘章禪師(第四世住)。僧問。學人有疑時如何。師曰。疑來多少時也。問小船渡大海時如何。師曰。較些子。

"어찌하여야 건너겠습니까?"
"지나 온 적이 없다."

"마른 나무에 꽃이 필 때에는 어떠합니까?"
"한 웅큼 가져오너라."

"혼연(混然)해서 찾아도 얻지 못할 때에는 어찌합니까?"
"이 무엇인고?"

曰如何得渡。師曰。不過來。問枯木生華時如何。師曰。把一朶來。問混然覓不得時如何。師曰。是什麽。

 토끼뿔

"혼연(混然)해서 찾아도 얻지 못할 때에는 어찌합니까?" 했을 때

대원은 "냉수나 마셔라." 하리라.

앞의 지주(池州) 혜산(嵇山) 장(章) 선사의 법손

수주(隨州) 쌍천산(雙泉山) 도건(道虔) 선사

도건 선사에게 어떤 승려가 물었다.
"큰 종을 두드리기 전에는 어떠합니까?"
대사가 말하였다.
"소리가 끊겼느니라."
"두드린 뒤에는 어떠합니까?"
"소리가 끊겼느니라."

前池州嵇山章禪師法嗣 隨州雙泉山道虔禪師。僧問。洪鍾未扣時如何。師曰。絕音響。曰扣後如何。師曰。絕音響。

"어떤 것이 도(道)에 있는 사람입니까?"
"딴 생각이 없다."

"어떤 것이 희유한 일입니까?"
"중천에 흰 연꽃이 피었다."

대사가 나중에는 안주(安州)의 법운원(法雲院)에 살다가 입적하였다.

問如何是在道底人。師曰。無異念。問如何是希有底事。師曰。白蓮華向半天開。師後住安州法雲院示滅。

 토끼뿔

∽ "큰 종을 두드리기 전에는 어떠합니까?" 했을 때

대원은 "다만 이러했느니라." 하고

"두드린 뒤에는 어떠합니까?"에 대해

대원은 "다만 이럴 뿐이다." 하리라.

∽ "어떤 것이 도(道)에 있는 사람입니까?" 했을 때

대원은 "이렇게 마주해서 말하는 것 이대로다." 하리라.

∽ "어떤 것이 희유한 일입니까?" 했을 때

대원은 "돌사내가 화약마 타고 불 속에서 꽃을 판다." 하리라.

앞의 홍주(洪州) 운거(雲居) 제4세 회악(懷岳) 선사의 법손

양주(揚州) 풍화원(風化院) 영숭(令崇) 선사(제1세 주지)

　영숭 선사는 서주(舒州) 숙송(宿松) 사람으로, 7세에 출가하고 20세에 계를 받았다. 운거 회악 화상에게 인연이 되어 신주(信州)의 아호(鵝湖)에서 법문을 열었다.
　여주(廬州) 절도사(節度師) 주본(周本)이 유양(維揚)의 서남 귀에다 절을 짓고 대사에게 살기를 청하였다.

　前洪州雲居第四世懷岳禪師法嗣 揚州風化院令崇禪師(第一世住)。舒州宿松人。七歲出家。二十登戒。契緣於雲居懷岳和尚。開法於信州鵝湖。廬州節帥周本於維揚西南隅創院請師居之。

어떤 승려가 물었다.
"어떤 것이 적의 나라에서 바둑을 한 번 두는 것입니까?"
대사가 말하였다.
"두어 봐라."

"한 방망이로 허공을 때려 부술 때에는 어떠합니까?"
"깨진 조각 하나라도 가져와 봐라."

僧問。如何是敵國一著棋。師曰。下將來。問一棒打破虛空時如何。師曰。把將一片來。

 토끼뿔

"어떤 것이 적의 나라에서 바둑을 한 번 두는 것입니까?" 했을 때

대원은 "적군의 왕의 이름을 말해 봐라." 하리라.

예주(澧州) 약산(藥山) 충언(忠彦) 선사(제8세 주지)

충언 선사에게 어떤 승려가 물었다.
"경전에 이르기를 '부처님들께서 광명을 놓아 실상의 뜻을 펴는 것을 돕는다.'라고 하니, 광명은 묻지 않겠습니다. 어떤 것이 실상의 뜻을 펴는 것을 돕는 것입니까?"
대사가 말하였다.
"알겠는가?"
"곧 이것이 아니라고 마십시오."
"이것이 무엇인고?"

"스님은 누구의 곡조를 부르시고, 종풍은 누구의 것을 이으셨습니까?"
"운령(雲嶺)엔 용창(龍昌)의 달이요, 신풍(神風)엔 동상천(洞上泉)이다."

澧州藥山忠彦禪師(第八世住)。僧問。教云。諸佛放光明助發實相義。光明即不問如何是助發實相義。師曰。會麼。曰莫便是否。師曰。是什麼。問師唱誰家曲宗風嗣阿誰。師曰。雲嶺龍昌月神風洞上泉。

🐦 토끼뿔

"경전에 이르기를 '부처님들께서 광명을 놓아 실상의 뜻을 펴는 것을 돕는다.'라고 하니, 광명은 묻지 않겠습니다. 어떤 것이 실상의 뜻을 펴는 것을 돕는 것입니까?" 했을 때

대원은 "지금이 그 뜻 펴는 것을 보이기에 가장 좋으리라."라는 말과 동시에 한 대 때리고 "험." 했을 것이다.

재주(梓州) 용전(龍泉) 화상

용전 화상에게 어떤 승려가 물었다.
"어떤 것이 조사께서 서쪽에서 오신 뜻입니까?"
대사가 말하였다.
"그대의 분상(分上)에 있는 것이 아니다."

"학인이 만 길의 높은 벼랑에서 뛰어내리고자 할 때는 어떠합니까?"
"박살났다."

梓州龍泉和尚。僧問。如何是祖師西來意。師曰。不在闍梨分上。問學人欲跳萬丈洪崖時如何。師曰。撲殺。

 토끼뿔

∽ "어떤 것이 조사께서 서쪽에서 오신 뜻입니까?" 했을 때

대원은 "앞산에 보름달이니라." 하리라.

∽ "학인이 만 길의 높은 벼랑에서 뛰어내리고자 할 때는 어떠합니까?" 했을 때

대원은 "떨어진 뒤 오라. 그때 점검해 보리라." 하리라.

앞의 균주(筠州) 동산(洞山) 도연(道延) 선사의 법손

균주(筠州) 상람원(上藍院) 경(慶) 선사

경(慶) 선사가 처음 행각을 다니다가 설봉에게 물었다.
"어떤 것이 설봉의 분명한 뜻입니까?"
설봉이 주장자로 대사의 머리를 두드리자 대사가 수긍하였다. 이에 설봉이 크게 웃었다.
나중에 동산의 인가를 받아 상람원에 살았다.

前筠州洞山道延禪師法嗣 筠州上藍院慶禪師。初遊方問雪峯。如何是雪峯的的意。雪峯以杖子敲師頭。師應諾。峯大笑。師後承洞山印解居於上藍。

어떤 승려가 물었다.

"어떤 것이 상람의 날 없는 칼입니까?"

대사가 말하였다.

"무."

"어째서 무라고 하셨습니까?"

"그대가 여러 곳에 있기 때문이다."

僧問。如何是上藍無刃劍。師曰。無。僧曰。為什麼無。師曰。闍梨諸方有。

 토끼뿔

"어떤 것이 상람의 날 없는 칼입니까?" 했을 때

대원은 "칼맛이 어떠냐?" 하리라.

앞의 양주(襄州) 녹문산(鹿門山) 처진(處眞) 선사의 법손

익주(益州) 숭진(崇眞) 화상

숭진 화상에게 어떤 승려가 물었다.
"어떤 것이 선입니까?"
대사가 말하였다.
"맑은 못에서 옥토끼를 낚는 것이다."

"어떤 것이 거룩한 이의 모습입니까?"
"진흙으로 삼관(三官)의 흙집을 빚는다."

前襄州鹿門山處眞禪師法嗣 益州崇眞和尚。僧問。如何是禪。師曰。澄潭釣玉兔。問如何是大人相。師曰。泥揑三官土地堂。

토끼뿔

"어떤 것이 거룩한 이의 모습입니까?" 했을 때

대원은 죽비를 세우면서 "이것이니라." 하리라.

양주(襄州) 녹문산(鹿門山) 제2세 담(譚) 화상 지행(志行) 대사

지행 대사에게 어떤 승려가 물었다.
"어떤 것이 참된 이치의 경지입니까?"
대사가 말하였다.
"남섬부주와 북울단월(北欝單越)[38]이니라."
"그러면 동일한 집의 일이겠습니다."
"수미산이 막혀 있다."

"멀리 멀리서 왔습니다. 스님께서 제접해 주십시오."
"어디서 왔는가?"
"강북(江北)에서 왔습니다."
"남당(南堂)에나 있어라."

襄州鹿門山第二世譚和尚志行大師。僧問。如何是實際理地。師曰。南瞻部洲北欝單越。曰恁麼則事同一家也。師曰。隔須彌在。問遠遠投師請師接。師曰。從什麼處來。曰江北來。師曰。南堂裏安下。

---

38) 북울단월(北欝單越) : 남섬부주 반대편 수미산 북쪽의 세계.

"어떤 것이 청정법신입니까?"
"술해년(戌亥年)에 낳느니라."

問如何是淸淨法身。師曰。戌亥年生。

 토끼뿔

"멀리 멀리서 왔습니다. 스님께서 제접해 주십시오." 했을 때

대원은 "여기의 제접이 어떻던가?" 하리라.

양주(襄州) 곡은(谷隱) 지정(智靜) 오공(悟空) 대사

오공 대사에게 어떤 승려가 물었다.
"어떤 것이 화상께서 몸을 굴린 곳입니까?"
대사가 말하였다.
"눕는 밑의 단자[39]니라."

"어떤 것이 도입니까?"
"봉림관(鳳林關) 밑이니라."
"학인은 잘 모르겠습니다."
"곧장 형남(荊南)에 이른다."

"어떤 것이 돌아가야 할 길을 가리키는 것입니까?"
"그것을 쓰면서도 없다 하는구나."

襄州谷隱智靜悟空大師。僧問。如何是和尙轉身處。師曰。臥單子下。問如何是道。師曰。鳳林關下。曰學人不會。師曰。直至荊南。問如何是指歸之路。師曰。莫用伊。

---

39) 단자(單子) : 침대보.

"그러면 학인이 이르렀다 하겠습니까?"
"어디에다 그대를 붙이겠는가?"

"영산회상의 모임이 오늘의 모임과 무엇이 다릅니까?"
"지금과 다르지 않다."
"다르지 않은 것이 무엇입니까?"
"여래의 비밀한 뜻은 가섭도 전하지 못했다."

曰還使學人到也無。師曰。什麼處著得汝。問靈山一會何異今時。師曰。不異如今。曰不異底事作麼生。師曰。如來密旨迦葉不傳。

 토끼뿔

"어떤 것이 돌아가야 할 길을 가리키는 것입니까?" 했을 때

대원은 "굽은 길이라도 있으면 말해 봐라." 하리라.

여산(廬山) 불수암(佛手巖) 행인(行因) 선사

행인 선사는 안문(雁門) 사람으로 성씨는 분명하지 않다. 일찍부터 유교(儒敎)를 익히다가 하루아침에 속세를 버리고 출가하여 참된 진리를 구할 목적으로 행각을 나섰다. 처음에 양양 녹문산의 처진(處眞) 선사를 뵙고, 스승으로부터 도를 깨달았다.

이어 강회(江淮)로 가서 여산에 오르니, 산 북쪽에 다섯 손가락 같은 바위가 있는데, 그 밑에 세 길쯤 되는 굴이 있어 그 속에 들어가 자리잡고 앉으니, 이 까닭에 불수(佛手) 화상이라 불렀다.

그는 제자를 두지 않으므로 이웃 암자에 있는 승려가 시봉을 하였는데, 항상 이상한 사슴과 금낭조(錦囊鳥)가 그의 곁에 길이 들어 에워싸고 있었다. 강남(江南)의 왕 이(李)씨가 그의 덕화를 흠모하여 세 차례나 사신을 보내 불렀으나 끝내 일어나지 않았다.

廬山佛手巖行因禪師者。雁門人也。未詳姓氏。早習儒學。一旦捨俗出家。志求真諦乃遊方。首謁襄陽鹿門山真禪師。師資道契。尋抵江淮登廬山。山之北有巖如五指。下有石窟深邃可三丈餘。師宴處其中。因號佛手巖和尚。不度弟子。有隣庵僧為之供侍。常有異鹿錦囊鳥馴繞其側。江南國主李氏嚮仰。三遣使徵召不起。

그래서 서현사(棲賢寺)에서 법문을 열라고 간곡히 청했더니, 한 달도 안 되어서 자취를 감추고 불수암으로 돌아갔다.

어떤 승려가 물었다.
"어떤 것이 색신을 나투어 대하는 것입니까?"
대사가 한 손가락을 세웠다.[40]

어느 날 약간의 병이 나더니 시봉하는 승려에게 말하였다.
"한낮이 되면 나는 떠나겠다."
시봉하는 승려가 막 대답을 하자, 대사는 자리에서 일어나 두어 걸음 걷다가 우뚝 서서 떠나니, 바위 끝에 소나무 한 그루가 있었는데 같은 날 말라죽었다. 수명은 70여 세였다. 왕이 화원에게 분부하여 초상을 그린 뒤에 향나무를 준비해 화장을 하고, 유골을 거두어 바위 밑에 탑을 세웠다.

堅請就棲賢寺開法。不踰月潛歸巖室。僧問。如何是對現色身。師竪起一指(法眼別云。還有也未)。一日示有微疾。謂侍僧曰。日將午吾去矣。侍僧方對。師下牀行數步屹立而化。巖頂上有松一株同日枯瘁。壽七十餘。國主命畫工寫影。備香薪焚爇收遺骨塔於巖之陰。

---

40) 법안(法眼)이 따로 말하기를 "그런 것이 있기는 한가?" 하였다. (원주)

 토끼뿔

"어떤 것이 색신을 나투어 대하는 것입니까?" 했을 때

대원은 "보는 바 대로다." 하리라.

앞의 무주(撫州) 조산(曹山) 제2세 혜하(慧霞) 선사의 법손

가주(嘉州) 동정(東汀) 화상

동정 화상에게 어떤 승려가 물었다.
"어떤 것이 물리쳐 버린 사람입니까?"
대사가 말하였다.
"석녀(石女)가 베를 짠다."
"어떤 것이 물리치고 온 사람입니까?"
"선거(扇車)[41]에 빗장을 지르듯 하니, 좋은 계책마저 끊겼다."

前撫州曹山第二世慧霞禪師法嗣 嘉州東汀和尚。僧問。如何是却去底人。師曰。石女紡麻繐。曰如何是却來底人。師曰。扇車關良計斷。

---

41) 선거(扇車) : 풍구. 바퀴로 바람을 일으켜 곡물 속의 이물질을 날려 버리는데 쓰는 기구.

토끼뿔

"어떤 것이 물리쳐 버린 사람입니까?" 했을 때

대원은 "무." 하고

"어떤 것이 물리치고 온 사람입니까?" 했을 때

대원은 "이렇다." 하리라.

앞의 화주(華州) 초암(草庵) 법의(法義) 선사의 법손

천주(泉州) 구양(龜洋) 혜충(慧忠) 선사

 혜충 선사는 본 고을의 선유현(仙遊縣) 사람으로 성은 진(陳)씨이다. 9세에 본산(本山)에서 출가하여 구족계를 받고는 석장을 집고 행각을 나섰다가 초암 화상을 뵈니, 초암이 물었다.
"어디서 왔는가?"
대사가 말하였다.
"육모봉(六眸峯)에서 왔습니다."
"여섯 가지 신통을 얻었는가?"
"눈동자를 보태는 것은 병 아니겠습니까?"
초암이 동의하였다.

 前華州草庵法義禪師法嗣 泉州龜洋慧忠禪師。本州仙遊縣人也。姓陳氏。九歲依本山出家。既具戒。杖錫觀方謁草庵和尚。草庵問曰。何方而來。師曰。六眸峯來。草庵曰。還具六通否。師曰。患非重瞳。草庵然之。

대사가 본산으로 돌아가, 때마침 당의 무종(武宗)이 불교를 박해하므로 시대적 상황에 의해 속인이 되었다가 선종(宣宗)이 중흥하게 되자 이렇게 말하였다.

"옛 사람이 말하기를 '수승한 도사(道士)는 죽비를 받을 것도 없고, 부처가 된 사미는 계법을 갖출 것도 없다.'라고 하였다."

그리고는 낮이 지나도 밥을 먹지 않고, 일정한 집이 없이 선정을 닦았다. 이에 세 수의 게송을 지었다.

눈이 쌓인 뒤에야 솔과 계수나무의 특별함을 알고
구름이 걷혀야 비로소 제수와 황하를 구분해 보니
국왕으로 인하여 환속을 하지 않았더라면
어떻게 닭과 학을 가릴 수 있었으랴

師迴故山。屬唐武宗廢教例為白衣。暨宣宗中興。師曰。古人有言。上昇道士不受籙。成佛沙彌不具戒法。遂過中不食不宇而禪。乃述偈三首曰。
雪後始諳松桂別
雲收方見濟河分
不因世主教還俗
那辨雞與鶴群

여러 해 동안 세속 일에 부질없이 분주했으니
법복은 입었더라도 승려는 아닐세
지금도 선혜 대사를 의지해 수행을 하니
머리를 가득 길러서 연등불을 맞이하네

모습은 변했지만 도에 항상 있었고
속세에 섞였으나 마음 근원 어둡히지 않았네
다시 선재동자 순례한 게송을 읽어 보건대
그 당시 어디서 사문 노릇을 했었던가

多年塵事謾騰騰
雖著方袍未是僧
今日修行依善慧
滿頭留髮候然燈
形容雖變道常存
混俗心源亦不昏
更讀善財巡禮偈
當時何處作沙門

대사는 처음에 참문하면서부터 처음자리에 돌아와 입적하기까지 한 번도 산에서 내려간 일이 없었는데, 무료(無了) 화상의 탑 동쪽에서 2백 걸음 떨어진 곳에다 장사를 지내 동탑(東塔)이라 불렀다.

몇 해가 지나 그 탑의 한 길이 넘는 계단들이 갑자기 쪼개지니, 탑을 지키던 승려가 열어 보려 하였다. 그런데 그날 밤 선정에 들어 있으니, 서탑(西塔)에서 이런 말이 들렸다.

"나의 시체로 인하여 이미 그대들을 두 번 장사 지내게 하여 수고롭게 했는데, 이제 다시 동탑을 번거롭게 파낼 필요가 없다."[42]

탑 지키는 승려가 이에 영감을 받고 시주를 모아 중수하고 장엄하니, 아직까지도 향연기가 그치지 않고 있다. 당시 사람들이 진(陳)·심(沈)이라 하는 두 진신(眞身)이 바로 이것이다. 무료 선사는 마조(馬祖)의 법을 이었으며 자세한 사적은 다른 문장에 실렸다.

師始從參禮以至返初示滅未嘗下山。葬於無了和尚塔之東隅二百步。目為東塔。經數載其塔忽坼裂連階丈餘。時主塔僧將發之。於夜宴寂中見西塔定身言曰。吾之遺質既勞汝重瘞。今東塔不煩更出也。塔主稟乎靈感召檀信重修補嚴飾。迨今香燈不絕。時謂陳沈二真身是也。其無了禪師嗣馬祖 事迹廣如別章。

---

42) 전등록 8권 천주 구양산 무료 선사 참고.

토끼뿔

"여섯 가지 신통을 얻었는가?" 했을 때

대원은 "얻은 신통이라면 진실로 신통이라 못한다." 하리라.

앞의 양주(襄州) 함주산(含珠山) 심철(審哲) 선사의 법손

양주(洋州) 용혈산(龍穴山) 화상

용혈산 화상에게 어떤 승려가 물었다.
"어떤 것이 조사께서 서쪽에서 오신 뜻입니까?"
대사가 말하였다.
"범을 타고 파가(巴歌)를 부른다."

"큰 선지식이 어째서 토지신(土地神)을 위하여 돈을 사릅니까?"
"그런 상인(上人)[43]은 대하기 어렵다."

前襄州含珠山審哲禪師法嗣 洋州龍穴山和尚。僧問。如何是祖師西來意。師曰。騎虎唱巴歌。問大善知識為什麼却與土地燒錢。師曰。彼上人者難為酬對。

---

43) 상인(上人) : 지혜와 덕을 겸비한 스님에 대한 존칭.

 토끼뿔

"큰 선지식이 어째서 토지신(土地神)을 위하여 돈을 사릅니까?"
했을 때

대원은 "근기를 따른 베풂이니라." 하리라.

당주(唐州) 대승산(大乘山) 화상

대승산 화상에게 어떤 이가 물었다.
"마른 나무가 봄을 만났을 때에는 어떠합니까?"
대사가 말하였다.
"세간에 드문 일이다."

"어떤 것이 사면(四面) 위의 일입니까?"
"되 속에서 벗어나 말〔斗〕 속에서 몸을 굴린다."

唐州大乘山和尚。問枯樹逢春時如何。師曰。世間希有。問如何是四面上事。師曰。升子裏跳斗子內轉身。

 토끼뿔

∽ "마른 나무에 봄을 만났을 때에는 어떠합니까?" 했을 때

대원은 "옥나비가 날으느니라." 하리라.

∽ "어떤 것이 사면(四面) 위의 일입니까?" 했을 때

대원은 "바로 이런 것이니라." 하리라.

양주(襄州) 봉산(鳳山) 연경원(延慶院) 귀효(歸曉)
혜광(慧廣) 대사

혜광 대사에게 어떤 승려가 물었다.
"언어도단(言語道斷)일 때는 어떠합니까?"
대사가 말하였다.
"두 겹의 공안(公案)이구나."
"어떻게 해야 깨닫겠습니까?"
"분명히 다 들었다."

동산(洞山)이 물었다.
"어떤 것이 봉산의 경지입니까?"
대사가 말하였다.
"잘 보아라."
"어떤 것이 경지 안의 사람입니까?"
"알겠는가?"

襄州鳳山延慶院歸曉慧廣大師。僧問。言語道斷時如何。師曰。兩重公案。曰如何領會。師曰。分明舉似。洞山問。如何是鳳山境。師曰。好生看取。曰如何是境中人。師曰。識麽。

토끼뿔

"어떤 것이 경지 안의 사람입니까?" 했을 때

대원은 "발우 속의 흰 밥이니라." 하리라.

양주(襄州) 함주산(含珠山) 진(眞) 화상(제3세 주지)

진(眞) 화상에게 어떤 승려가 물었다.
"스님은 누구의 노래를 부르시고, 종풍은 누구의 것을 이으셨습니까?"
대사가 말하였다.
"함주의 비밀한 뜻은 도가 같은 이라야 안다."
"그렇다면 새의 날개를 빌리지 않고도 곧 비취색 산봉우리에 올랐다 하겠습니다."
"둔하구나."

"옛 거울을 갈기 전에는 어떠합니까?"
"어둡힌 적 없다."
"간 뒤에는 어떠합니까?"
"검기가 칠(漆)과 같구나."

襄州含珠山真和尚(第三世住)。僧問。師唱誰家曲宗風嗣阿誰。師曰。含珠密意同道者知。曰恁麼即不假羽翼便登翠嶺也。師曰。鈍。問古鏡未磨時如何。師曰。昧不得。曰磨後如何。師曰。黑似漆。

 토끼뿔

"옛 거울을 갈기 전에는 어떠합니까?" 했을 때

대원은 "옴." 하고

"간 뒤에는 어떠합니까?" 했을 때

대원은 "마하반야." 하리라.

앞의 봉상부(鳳翔府) 자릉(紫陵) 광일(匡一) 대사의 법손

병주(并州) 광복(廣福) 도은(道隱) 선사

도은 선사에게 어떤 승려가 물었다.
"어떤 것이 남쪽을 가리키는 외길입니까?"
대사가 말하였다.
"신묘하게 신령한 기틀의 일을 인도하니, 맑은 물결로 뛰어난 법륜(法輪)을 드러낸다."

"세 집에서 일시에 공양을 청하면 어느 집으로 가시겠습니까?"
"달이 천 집의 물에 비치니, 집집마다 모두 승려가 있다."

前鳳翔府紫陵匡一大師法嗣 并州廣福道隱禪師。僧問。如何是指南一路。師曰。妙引靈機事澄波顯異輪。問三家同到請未審赴誰家。師曰。月應千家水門門盡有僧。

 토끼뿔

∽ "어떤 것이 남쪽을 가리키는 외길입니까?" 했을 때

대원은 "산촌 어구의 장승이니라." 하리라.

∽ "세 집에서 일시에 공양을 청하면 어느 집으로 가시겠습니까?" 했을 때

대원은 "받았다." 해서 "어느 집에서 받았습니까?" 한다면

"어느 몸이 받았다 하겠느냐?" 했을 것이다.

자릉(紫陵) 미(微) 선사 (제2세 주지)

미(微) 선사에게 어떤 승려가 물었다.
"어떤 것이 자릉의 경지입니까?"
대사가 말하였다.
"깊은 밤에 고요한 등불이 비친다."
"어떤 것이 경지 안의 사람입니까?"
"원숭이가 울고, 호랑이가 으르렁 거린다."

"보배 검이 칼집에서 나오기 전에는 어떠합니까?"
"반석 위에다 송백(松柏)을 가꾼다."

　　紫陵微禪師(第二世住)。僧問。如何是紫陵境。師曰。寂照燈光夜已深。曰如何是境中人。師曰。猿啼虎嘯。問寶劍未出匣時如何。師曰。磐陀石上栽松柏。

 토끼뿔

"보배검이 칼집에서 나오기 전에는 어떠합니까?" 했을 때

대원은 "말하기 전의 뜻 있는 곳에서 보아라." 하리라.

홍원부(興元府) 대랑(大浪) 화상

대랑 화상에게 어떤 승려가 물었다.
"하신(河神)을 꾸짖고 왜 도리어 물에 밀립니까?"
대사가 말하였다.
"흐름을 따라야 비로소 묘함을 얻나니, 언덕에 기대면 도리어 미혹함을 이룬다."

興元府大浪和尙。僧問。既是喝河神。爲什麼却被水推却。師曰。隨流始得妙倚岸却成迷。

토끼뿔

"하신(河神)을 꾸짖고 왜 도리어 물에 밀립니까?" 했을 때

대원은 "무엇을 보았느냐?" 하리라.

앞의 홍주(洪州) 봉서산(鳳棲山) 동안(同安) 위(威)
선사의 법손

진주(陳州) 석경(石鏡) 화상

석경 화상에게 어떤 승려가 물었다.
"석경(石鏡)은 갈지 않아도 비춥니까?"
대사가 말하였다.
"전생은 원인이요, 금생은 결과이니라."

前洪州鳳棲山同安威禪師法嗣 陳州石鏡和尚。僧問。石鏡不磨還照也無。師曰。前生是因今生是果。

 토끼뿔

"석경(石鏡)은 갈지 않아도 비춥니까?" 했을 때

대원은 "산촌 정각 옆 폭포니라." 하리라.

앞의 양주(襄州) 석문산(石門山) 헌(獻) 선사의 법손

석문산(石門山) 건명사(乾明寺) 혜철(慧徹) 선사(제2세 주지)

혜철 선사에게 어떤 이가 물었다.
"해가 바다 위로 나와 천지를 비추는 이 시절의 일은 어떠합니까?"
대사가 말하였다.
"용이 골짜기에 나오면 비바람이 닥치고, 바다와 산이 기울어질 때도 해와 달은 밝다."

前襄州石門山獻禪師法嗣 石門山乾明寺慧徹禪師(第二世住)。問金烏出海光天地與此光陰事若何。師曰。龍出洞兮風雨至。海嶽傾時日月明。

"위로부터의 모든 성인들은 어디로 갔습니까?"
"돌기둥에다 등을 달았다."

"스님은 누구의 곡조를 부르시고, 종풍은 누구의 것을 이으셨습니까?"
"조각 구름은 봉령(鳳嶺) 위에 떴고, 나무꾼이 곳곳에 나툼이다."

"어떤 것이 화상의 가풍입니까?"
"뿌리없는 나무가 응대할 줄 알고, 바다 밑의 등불을 높힌다."

"어떤 것이 조사께서 서쪽에서 오신 뜻입니까?"
"소림(少林)에 구정(九鼎)44)이 맑고, 물결이 출렁일 때에 백 가지 꽃이 새롭다."

問從上諸聖向什麼處去也。師曰。露柱掛燈籠。問師唱誰家曲宗風嗣阿誰。師曰。片雲生鳳嶺樵子處處明。問如何是和尚家風。師曰。解接無根樹能挑海底燈。問如何是祖師西來意。師曰。少林澄九鼎動浪百華新。

---

44) 구정(九鼎) : 중국의 우왕 때 금으로 만들었다는 솥으로 천자에게 전하여 오는 보물.

"어떤 것이 불법의 대의입니까?"
"삼문(三門) 밖의 소나무가 나는 것도 보고 자라는 것도 보았다."

"한 터럭도 나기 전에는 어떠합니까?"
"예(羿)⁴⁵⁾는 활을 잘 고르지 않아도 화살이 삼강(三江)의 어귀를 통하게 했다."

"어떤 것이 부처입니까?"
"나무꾼이 황폐한 들판을 소를 타고 지나는데 풀이 없었단다."

問如何是佛法大意。師曰。三門外松樹子見生見長。問一毫未發時如何。師曰。羿善不調弓箭透三江口。問如何是佛。師曰。樵子度荒郊騎牛草不露。

---

45) 예(羿) : 한나라 때의 제후로 활의 명수.

 토끼뿔

∽ "해가 바다 위로 나와 천지를 비추는 이 시절의 일은 어떠합니까?" 했을 때

대원은 "일도 하고 차도 마신다." 하리라.

∽ "위로부터의 모든 성인들은 어디로 갔습니까?" 했을 때

대원은 "무등산이니라." 하리라.

앞의 양주(襄州) 만동산(萬銅山) 광덕(廣德) 의(義) 화상의 법손

양주(襄州) 광덕(廣德) 연(延) 화상(제2세 주지)

연(延) 화상이 처음에 광덕(廣德) 의(義) 화상을 뵙고 절을 한 뒤에 물었다.
"어떤 것이 화상의 깊고 깊은 곳입니까?"
의 화상이 말하였다.
"몸을 숨기는 데 바위 골짜기가 꼭 필요한 것이 아니니, 저자 거리에 뒤섞여 있어도 보는 이가 드물다."
"그러한즉 물을 뜨고 꽃을 바치겠습니다."

前襄州萬銅山廣德義和尚法嗣 襄州廣德延和尚(第二世住)。初謁廣德義和尚。作禮而問曰。如何是和尚深深處。曰隱身不必須巖谷。闤闠堆堆覩者希。師曰。恁麼即酌水獻花也。

"홀연히 구름과 안개가 끼면 그대는 어찌하려는가?"
"꽃을 따고 물을 길은 것이 헛되이 베푼 것이 아닙니다."
"대중은 제2대의 광덕을 지켜봐라."
대사는 산문을 이어받아 무리를 모아 법문을 열었다.

어떤 승려가 물었다.
"어떤 것이 조사께서 서쪽에서 오신 뜻입니까?"
대사가 말하였다.
"고기는 근원 없는 물에서 뛰고, 꾀꼬리는 만고에 소나무에서 운다."

"어떤 것이 항상 있는 사람입니까?"
"섣달에 죽은 뱀이 큰길에 있으니, 부딪치고 상하는 사람이야 어찌할 수 없다."

曰忽然雲霧靄。闍梨作麼生。師曰。采汲不虛施。曰大眾看取第二代廣德。師次踵山門聚徒開法。僧問。如何是祖師西來意。師曰。魚躍無源水鶯啼萬古松。問如何是常在底人。師曰。臘月死蛇當大路。觸著傷人不奈何。

"어떤 것이 대통지승불(大通智勝佛)의 시절입니까?"

"비 갠 뒤 새로워진 한여름의 해는 빛나 그대 눈으로 바로 보지 못한다."

"어떤 것이 대통지승불의 뒤입니까?"

"달이 취봉(鷲峯)의 마루에 숨었고, 그대들은 파촉의 원숭이[46]에게 애를 태우지 말라 하라."

"어떤 것이 무간업(無間業)을 짓는 것입니까?"

"사나운 불을 냄비에 때서 수다스러운 부처를 끓이는 것이다."

대사가 어떤 일로 인하여 이런 게송을 지었다.

問如何是大通智勝佛時。師曰。盛夏日輪新霽後。汝莫當輝瞪目觀。曰如何是大通智勝佛後。師曰。孤輪罷照鷲峯頂。汝報巴猿莫斷腸。問如何是作得無間業。師曰。猛火然鐺煮佛喋。師因事有頌曰。

---

46) 새끼 원숭이가 사로잡히자 어미 원숭이가 비통하게 울며 배 위로 뛰어올라 죽었는데, 어미 원숭이의 배를 갈라보니 창자가 끊어져 있었다고 한다. 모원단장(母猿斷腸)이라는 고사.

홍산(洪山)에 이르자마자 근원에 뿌리를 내리니
사방이니 팔면이니를 논하지 말라
저 집의 스스로 있는 산중에 사는 뜻(眠雲)[47]을
피리나 비껴 들고 우주의 멋을 부르려네

纔到洪山便垜根
四平八面不言論
他家自有眠雲志
蘆管橫吹宇宙分

---

47) 면운(眠雲) : 원문의 면운(眠雲)은 산중에서 살다, 은서(隱棲)하다는 뜻을 이르는 말.

🐦 토끼뿔

∽ "어떤 것이 항상 있는 사람입니까?" 했을 때

대원은 "사람이다." 하리라.

∽ "어떤 것이 대통지승불(大通智勝佛)의 시절입니까?" 했을 때

대원은 "어떻느냐?" 하리라.

∽ "어떤 것이 대통지승불의 뒤입니까?" 했을 때

대원은 "잘 보아라." 하리라.

앞의 수주(隨州) 수성산(隨城山) 호국(護國) 수징
(守澄) 선사의 법손

수주(隨州) 용거산(龍居山) 지문사(智門寺) 수흠(守欽)
원조(圓照) 대사

원조 대사에게 어떤 승려가 물었다.
"두 거울이 마주치면 어째서 중간에 그림자가 없습니까?"
대사가 말하였다.
"자기라는 것도 서지 못한다."
"거울이 깨지고 경대도 없어질 때에는 어떠합니까?"
대사가 주먹을 세웠다.

前隨州隨城山護國守澄禪師法嗣 隨州龍居山智門寺守欽圓照大師。僧問。兩鏡相對爲什麼中間無像。師曰。自己亦須隱。曰鏡破臺亡時如何。師竪起拳。

"어떤 것이 화상의 가풍입니까?"
"이마에다 방(榜)을 붙이지 않는다."

問如何是和尙家風。師曰。額上不帖榜。

 토끼뿔

"두 거울이 마주치면 어째서 중간에 그림자가 없습니까?" 했을 때

대원은 "삼짓날 뜰볕이 존다." 하고

"거울이 깨지고 경대도 없어질 때에는 어떠합니까?" 했을 때

대원은 "툇마루 밑 누워있는 디딤돌이니라." 하리라.

수성산(隨城山) 호국(護國) 지원(知遠) 연화(演化) 대사(제2세 주지)

연화 대사에게 어떤 승려가 물었다.
"아들을 데리고 문으로 들어올 때에는 어떠합니까?"
대사가 말하였다.
"연정(緣情)의 본체를 살펴보는 것이 이 무엇인고?"

"하늘이니 땅이니에도 뜻을 두지 않고, 우주에도 마음을 두지 않을 때에는 어떠합니까?"
"모두 전쟁을 수습해서 노래와 춤까지 쉰다 함 마저도 없다."

"'근원에서 바로 끊는 것은 부처님이 인가하신 바이나, 잎을 따고 가지를 찾는 일은 나는 못한다'라고 한 뜻이 무엇입니까?"
"구름 위의 나무에 열린 삼추(三秋)의 과일을 따려 하지도 말고, 푸른 못 속의 달을 연모하지도 말라."

隨城山護國知遠演化大師(第二世住)。僧問。舉子入門時如何。師曰。緣情體物是作麼生。問乾坤休駐意宇宙不留心時如何。師曰。總是戰爭收拾得。却因歌舞破除休。問直截根源佛所印。摘葉尋枝我不能。意旨如何。師曰。罷攀雲樹三秋果。休戀碧潭孤月輪。

 토끼뿔

∽ "아들을 데리고 문으로 들어올 때에는 어떠합니까?" 했을 때

대원은 "그 말을 짓기 전과 같다." 하리라.

∽ "하늘이니 땅이니에도 뜻을 두지 않고, 우주에도 마음을 두지 않을 때에는 어떠합니까?" 했을 때

대원은 "묘 앞의 상석이니라." 하리라.

안주(安州) 대안산(大安山) 능(能) 화상 숭교(崇敎) 대사

숭교 대사에게 어떤 승려가 물었다.
"스님은 누구의 곡조를 부르시고, 종풍은 누구의 것을 이으셨습니까?"
대사가 말하였다.
"남산에서 북을 두드리니, 북산에서 노래를 부른다."

"어떤 것이 추운 겨울의 경지입니까?"
"천 산은 푸른 빛을 더하고, 만 그루의 나무는 은빛 꽃에 덮였다."

安州大安山能和尚崇敎大師。僧問。師唱誰家曲宗風嗣阿誰。師曰。打起南山鼓唱起北山歌。問如何是三冬境。師曰。千山添翠色萬樹鎖銀華。

 토끼뿔

㉂ "스님은 누구의 곡조를 부르시고, 종풍은 누구의 것을 이으셨습니까?" 했을 때

대원은 "금사자의 포효고 옥기린의 노래니라." 하리라.

㉂ "어떤 것이 추운 겨울의 경지입니까?" 했을 때

대원은 "솔은 더욱 푸르고, 오동나무는 웃옷을 벗어버렸다." 하리라.

영주(潁州) 천복원(薦福院) 사(思) 선사

사(思) 선사[48]에게 어떤 승려가 물었다.
"옛 법당에 부처가 없을 때에는 어떠합니까?"
대사가 말하였다.
"범음(梵音)[49]이 어디서 왔는가?"
"닦아 증득하지 않고 어떻게 깨달음을 이루겠습니까?"
"닦아서 증득하려 하면 이루지 못한다."

潁州薦福院思禪師(曾住唐州天目山)。僧問。古殿無佛時如何。師曰。梵音何來。又問。不假修證如何得成。師曰。修證卽不成。

---

48) 일찍이 당주 천목산에 살았다. (원주)
49) 범음(梵音) : 부처님의 음성, 또는 범천의 왕이 내는 다섯 가지 청정한 음성.

 토끼뿔

"옛 법당에 부처가 없을 때에는 어떠합니까?" 했을 때

대원은 "묻고 있는 것은 무엇인가?" 하고

"닦아 증득하지 않고 어떻게 깨달음을 이루겠습니까?" 했을 때

대원은 "이루는 것이 아니다." 하리라.

담주(潭州) 연수(延壽) 화상

연수 화상에게 어떤 승려가 물었다.
"스님은 누구의 곡조를 부르시고, 종풍은 누구의 것을 이으셨습니까?"
대사가 말하였다.
"양제(煬帝)는 변수(汴水)에 의하여 번영했고,[50] 노승은 서호(書湖)로써 못둑을 삼는다."

潭州延壽和尚。僧問。師唱誰家曲宗風嗣阿誰。師曰。煬帝以汴水爲榮。老僧以書湖池畔。

---

50) 수양제는 변수라는 강의 물길을 바꾸어 치수를 함으로써 번영하였다.

토끼뿔

"스님은 누구의 곡조를 부르시고, 종풍은 누구의 것을 이으셨습니까?" 했을 때

대원은 "병갑생(丙甲生)의 가풍에 정을년(丁乙年)의 가곡(歌曲)이니라." 하리라.

수성산(隨城山) 호국(護國) 지랑(志朗) 원명(圓明) 대사(제3세 주지)

원명 대사에게 어떤 승려가 물었다.
"스님은 누구의 곡조를 부르시고, 종풍은 누구의 것을 이으셨습니까?"
대사가 말하였다.
"정과(淨果)의 맏제자요, 소산(疎山)의 법손이니라."

"어떤 것이 만법의 근원입니까?"
"허공 가운데서도 거둘 수 없고, 나라를 지킬 것도 없다."

隨城山護國志朗圓明大師(第三世住)。僧問。師唱誰家曲宗風嗣阿誰。師曰。淨果嫡子疎山之孫。問如何是萬法之根源。師曰。空中收不得護國不能該。

토끼뿔

"어떤 것이 만법의 근원입니까?" 했을 때

대원은 "가을 밤 유성불이니라." 하리라.

앞의 기주(蘄州) 오아산(烏牙山) 언빈(彦賓) 선사의 법손

안주(安州) 대안산(大安山) 흥고(興古) 선사

홍고 선사에게 어떤 승려가 물었다.
"죽은 승려가 떠나서 어디로 갔습니까?"
대사가 말하였다.
"지난 밤 삼경에 달이 산봉우리에 떴다."

"유마가 묵연히 있는 것이 말을 한 것입니까, 말을 하지 않은 것입니까?"
"어둠 속의 돌송아지는 초연히 문밖을 나올 것도 없다."

前蘄州烏牙山彦賓禪師法嗣 安州大安山興古禪師。僧問。亡僧遷化向什麼處去也。師曰。昨夜三更月上峯。問維摩寂默是說不是說。師曰。暗裏石牛兒超然不出戶。

토끼뿔

"유마가 묵연히 있는 것이 말을 한 것입니까, 말을 하지 않은 것입니까?"했을 때

대원은 "삼세제불이 못 다한 말까지 온통 다한 언어삼매니라." 하리라.

기주(蘄州) 오아산(烏牙山) 행랑(行朗) 선사

행랑 선사에게 어떤 승려가 물었다.
"사람의 몸을 받기 전에는 무엇이 왔습니까?"
대사가 말하였다.
"바다 위의 돌소는 삼박자의 노래를 부르고, 한 줄기 붉은 선이 손바닥 사이를 나눈다."

"가섭의 좋은 옷은 누가 입을 수 있습니까?"
"천연스러워 형상 없는 자손은 티끌의 옷이라는 것을 벗어 걸 것도 없다."

蘄州烏牙山行朗禪師。僧問。未作人身已前作什麼來。師曰。海上石牛歌三拍。一條紅線掌間分。問迦葉上行衣何人合得披。師曰。天然無相子不掛出塵衣。

토끼뿔

"사람의 몸을 받기 전에는 무엇이 왔습니까?"했을 때

대원은 "반딧불이니라." 하리라.

앞의 봉상부(鳳翔府) 청봉(靑峯) 화상의 법손

서천(西川) 영감(靈龕) 화상

영감 화상에게 어떤 승려가 물었다.
"어떤 것이 모든 부처님들의 몸이 나온 곳입니까?"
대사가 말하였다.
"나온 곳은 부처와도 상관이 없으니, 봄이 오면 풀이 저절로 푸르다."
"아녹록지(阿磔磔地)[51]일 때에는 어떠합니까?"
"시험삼아 한 걸음 나서봐라."

前鳳翔府靑峯和尙法嗣 西川靈龕和尙。僧問。如何是諸佛出身處。師曰。出處非干佛春來草自青。問磔磔地時如何。師曰。試進一步看。

---

51) 아녹록지(阿磔磔地) : 사실과 이치가 원만하여 완전무애(宛轉無㝵)한 것을 이르는 말.

 토끼뿔

"아녹록지(阿碌碌地)일 때에는 어떠합니까?" 했을 때

대원은 "차나 들라." 하리라.

경조(京兆) 자각산(紫閣山) 단기(端己) 선사

단기 선사에게 어떤 승려가 물었다.
"사상(四相)이 모두 다하면 무엇을 참이라 인정합니까?"
대사가 말하였다.
"그대는 어디를 갔다 오는가?"

"위수(渭水)가 정동(正東)으로 흐를 때에는 어떠합니까?"
"원래 끊임이 없다."

京兆紫閣山端己禪師。僧問。四相俱盡立什麼為真。師曰。你什麼處去來。問渭水正東流時如何。師曰。從來無間斷。

토끼뿔

"사상(四相)이 모두 다하면 무엇을 참이라 인정합니까?"했을 때

대원은 "참이니라." 하리라.

방주(房州) 개산(開山) 회주(懷晝) 선사

회주 선사에게 어떤 승려가 물었다.
"어떤 업을 지어야 천(千) 성인의 가르침을 어기지 않겠습니까?"
대사가 말하였다.
"묘한 행은 짝할 이가 없고, 현묘한 뜻의 본체는 스스로가 뛰어나다."

"귀가 있으나 맑은 물에 씻을 것도 없고, 무심을 누가 백운(白雲)⁵²⁾의 그윽함이라곤들 하겠습니까?"
"천 냥의 황금을 걸 나무가 없다."
"건 뒤에는 어떠합니까?"
"묘연해서 사람들이 분별하기 어렵다."

房州開山懷晝禪師。僧問。作何行業即得不違千聖。師曰。妙行無倫匹情玄體自殊。問有耳不臨清水洗。無心誰為白雲幽。師曰。無木掛千金。曰掛後如何。師曰。杳杳人難辨。

---

52) 백운(白雲) : 조실이 앉는 자리로서 여기서는 대선지식의 경지를 말한다.

 토끼뿔

∽ "어떤 업을 지어야 천(千) 성인의 가르침을 어기지 않겠습니까?" 했을 때

대원은 "보름달이니라." 하리라.

∽ "귀가 있으나 맑은 물에 씻을 것도 없고, 무심을 누가 백운(白雲)의 그윽함이라곤들 하겠습니까?" 했을 때

대원은 "온전히 가린 것 없다." 하리라.

유주(幽州) 전법(傳法) 화상

전법 화상에게 어떤 승려가 물었다.
"교리의 뜻과 조사의 뜻이 같습니까, 다릅니까?"
대사가 말하였다.
"꽃이 피니 꽃망울이 수려하고, 옛 골짜기에 백운이 깊다."

"다른 사람은 어째서 제자가 많고, 스님은 어째서 제자가 없습니까?"
"바다 섬에는 용이 많이 숨어 있고, 갈대밭에는 봉이 앉지 않는다."

幽州傳法和尙。僧問。教意與祖意是同是別。師曰。華開金線秀古洞白雲深。問別人為什麼徒弟多。師為什麼無徒弟。師曰。海島龍多隱茅茨鳳不棲。

 토끼뿔

"교리의 뜻과 조사의 뜻이 같습니까, 다릅니까?" 했을 때

대원은 "오천여자 금강경 도리와 조주의 뜰앞 잣나무 도리가 같은가, 다른가? 말해 봐라." 하리라.
"험."

익주(益州) 정중사(淨衆寺) 귀신(歸信) 선사

귀신 선사에게 어떤 승려가 물었다.
"연꽃이 물에서 나오기 전에는 어떠합니까?"
대사가 말하였다.
"연꽃망울이 못에 퍼져 가득하다."
"물에서 나온 뒤에는 어떠합니까?"
"잎이 떨어져도 가을임을 모른다."

"부낭(浮囊)[53]에 의하지 않고 큰 바다에 들어갈 때에는 어떠합니까?"
"붉은 부리새는 삼계 밖으로 날아 초월했고, 녹색털을 가진 것은 차를 달일 줄 안다."

益州淨眾寺歸信禪師。僧問。蓮華未出水時如何。師曰。菡萏滿池流。曰出水後如何。師曰。葉落不知秋。問不假浮囊便登巨海時如何。師曰。紅嘴飛超三界外。綠毛也解道煎茶。

---

53) 부낭(浮囊) : 물에 빠지는 것을 막는 물건.

 토끼뿔

"연꽃이 물에서 나오기 전에는 어떠합니까?" 했을 때

대원은 "불자를 눕히리라." 하고

"물에서 나온 뒤에는 어떠합니까?" 했을 때

대원은 "지금과 꼭 같다." 하리라.

익주(益州) 정중사(淨衆寺) 귀신(歸信) 선사

청봉산(青峯山) 청면(清免) 선사(제2세 주지)

청면 선사에게 어떤 승려가 물었다.
"포도주를 오래 묵혔는데 오늘 누구를 위하여 열까요?"
"마신 이라야 안다."

"어떤 것이 조사께서 서쪽에서 오신 뜻입니까?"
"아뇩달지(阿耨達池)[54]에는 한 방울이 없어도, 사해의 물은 여전히 도도하다."

青峯山清免禪師(第二世住)。僧問。久醞蒲萄酒今日爲誰開。師曰。飮者方知。問如何是祖師西來意。師曰。耨池無一滴四海自滔滔。

---

54) 아뇩달지(阿耨達池) : 설산 북쪽, 염부주 사대하(四大河)의 근원이 된다는 상상의 못.

토끼뿔

"포도주를 오래 묵혔는데 오늘 누구를 위하여 열까요?" 했을 때

대원은 "취한 노래나 불러보라." 하리라.

색 인 표

ㄱ

가경(제9세)(24권)
가관 선사(19권)
가나제바(2권)
가문 선사(16권)
가비마라(1권)
가선 선사(26권)
가섭불(1권)
가야사다(2권)
가지 선사(10권)
가홍 선사(26권)
가훈 선사(26권)
가휴 선사(19권)
가휴(제2세)(24권)
간 선사(22권)
감지 행자(10권)
감홍 선사(15권)
강 선사(21권)
거방 선사(4권)
거회 선사(16권)
건봉 화상(17권)
계학산 화상(19권)
견숙 선사(8권)
겸 선사(20권)
경 선사(23권)
경산 감종(10권)
경산 홍인(11권)
경상(관음원)(26권)
경상(숭복원)(26권)
경소 선사(26권)
경여(제2세)(24권)
경잠 초현(10권)
경조 현자(17권)
경조미 화상(11권)
경준 선사(25권)
경진 선사(26권)
경탈 화상(22권)
경탈 화상(29권)

경통 선사(12권)
경현 선사(26권)
경혜 선사(15권)
경혼 선사(16권)
계눌 선사(21권)
계달 선사(24권)
계번 선사(19권)
계여 암주(21권)
계유 선사(23권)
계조 선사(25권)
계종 선사(24권)
계침 선사(21권)
계허 선사(10권)
고 선사(12권)
고사 화상(8권)
고정 화상(10권)
고정간선사(16권)
고제 화상(9권)
곡산 화상(23권)
곡산장 선사(16권)
곡은 화상(15권)
공기 화상(9권)
곽산 화상(11권)
관계 지한 선사(12권)
관남 장로(30권)
관음 화상(22권)
관주 나한(24권)
광 선사(14권)
광과 선사(23권)
광달 선사(25권)
광덕(제1세)(20권)
광목 선사(12권)
광법 행흠(24권)
광보 선사(13권)
광산 화상(23권)
광오 선사(22권)
광오(제4세)(17권)
광용 선사(12권)

광우 선사(24권)
광원 화상(26권)
광인 선사(15권)
광인 선사(17권)
광일 선사(20권)
광일 선사(25권)
광제 화상(20권)
광징 선사(8권)
광혜진 선사(13권)
광화 선사(20권)
괴성 선사(26권)
교 화상(12권)
교연 선사(18권)
구 화상(24권)
구나함모니불(1권)
구류손불(1권)
구마라다(2권)
구봉 도건(16권)
구봉 자혜(11권)
구산 정원(10권)
구산 화상(21권)
구종산 화상(15권)
구지 화상(11권)
굴다삼장(5권)
귀 선사(22권)
귀본 선사(19권)
귀신 선사(23권)
귀인 선사(20권)
귀정 선사(13권)
귀종 지상(7권)
규봉 종밀(13권)
근 선사(26권)
금륜 화상(22권)
금우 화상(8권)
기림 화상(10권)

ㄴ

나찬 화상(30권)

나한 화상(11권)
나한 화상(24권)
낙보 화상(30권)
남대 성(21권)
남대 화상(20권)
남악 남대(20권)
남악 회양(5권)
남원 화상(12권)
남원 화상(19권)
남전 보원(8권)
낭 선사(23권)
내 선사(22권)
녹 화상(21권)
녹수 화상(11권)
녹원 화상(13권)
녹원휘 선사(16권)
녹청 화상(15권)

ㄷ

다복 화상(11권)
단기 선사(23권)
단하 천연(14권)
달 화상(24권)
담공 화상(12권)
담권(제2세)(20권)
담명 화상(23권)
담장 선사(8권)
담조 선사(10권)
담취 선사(4권)
대각 선사(12권)
대각 화상(12권)
대동 선사(15권)
대랑 화상(23권)
대력 화상(24권)
대령 화상(17권)
대모 화상(10권)
대범 화상(20권)
대비 화상(12권)

색 인 표

대승산 화상(23권)
대안 선사(9권)
대양 화상(8권)
대육 선사(7권)
대의 선사(7권)
대전 화상(14권)
대주 혜해(6권)
대천 화상(14권)
덕겸 선사(23권)
덕부 스님(29권)
덕산 선감(15권)
덕산(제7세)(20권)
덕소 국사(25권)
덕해 선사(22권)
도 선사(21권)
도간(제2세)(20권)
도건 선사(23권)
도견 선사(26권)
도겸 선사(23권)
도광 선사(21권)
도단 선사(26권)
도림 선사(4권)
도명 선사(4권)
도명 선사(6권)
도부 선사(18권)
도부 대사(19권)
도상 선사(10권)
도상 선사(25권)
도수 선사(4권)
도신 대사(3권)
도연 선사(20권)
도오(관남)(11권)
도오(천황)(14권)
도원 선사(26권)
도유 선사(17권)
도은 선사(21권)
도은 선사(23권)
도응 선사(17권)

도자 선사(26권)
도잠 선사(25권)
도전 선사 (17권)
도전(제12세)(24권)
도제(제11세)(26권)
도통 선사(6권)
도한 선사(17권)
도한 선사(22권)
도행 선사(6권)
도헌 선사(12권)
도흠 선사 (25권)
도흠 선사(4권)
도흠(제2세)(24권)
도희 선사(21권)
도희 선사(22권)
동계 화상(20권)
동봉 암주(12권)
동산 양개(15권)
동산혜 화상(9권)
동선 화상(19권)
동안 화상(8권)
동안 화상(16권)
동정 화상(23권)
동천산 화상(20권)
동탑 화상(12권)
둔유 선사(17권)
득일 선사(21권)
등등 화상(30권)

ㄹ

라후라다(2권)

ㅁ

마나라(2권)
마명 대사(1권)
마조 도일(6권)
마하가섭(1권)
만 선사(22권)

만세 화상(9권)
만세 화상(12권)
명 선사(17권)
명 선사(22권)
명 선사(23권)
명교 선사(22권)
명달소안(제4세)(26)권
명법 대사(21권)
명변 대사(22권)
명식 대사(22권)
명오 대사(22권)
명원 선사(21권)
명진 대사(19권)
명진 선사(21권)
명철 선사(7권)
명철 선사(14권)
명혜 대사(24권)
명혜 선사(22권)
모 화상(17권)
자사진조(12권)
몽계 화상(8권)
몽필 화상(19권)
묘공 대사(21권)
묘과 대사(21권)
무등 선사(7권)
무료 선사(8권)
무업 선사(8권)
무염 대사(12권)
무원 화상(15권)
무은 선사(17권)
무일 선사(24권)
무주 선사(4권)
무휴 선사(20권)
문 화상(22권)
문수 선사(17권)
문수 선사(25권)
문수 화상(16권)
문수 화상(20권)

문습 선사(24권)
문언 선사(19권)
문의 선사(21권)
문익 선사(24권)
문흠 선사(22권)
문회 선사(12권)
미령 화상(12권)
미령 화상(8권)
미선사(제2세)(23권)
미차가(1권)
미창 화상(12권)
미창 화상(14권)
민덕 화상(12권)

ㅂ

바사사다(2권)
바수밀(1권)
바수반두(2권)
박암 화상(17권)
반산 화상(15권)
반야다라(2권)
방온 거사(8권)
배도 선사(30권)
배휴(12권)
백거이(10권)
백곡 화상(23권)
백령 화상(8권)
백수사화상(16권)
백운 화상(24권)
백운약 선사(15권)
범 선사(20권)
범 선사(23권)
법건 선사(26권)
법괴 선사(26권)
법단 대사(11권)
법달 선사(5권)
법등 태흠(30권)
법만 선사(13권)

색인표 335

색 인 표

법보 선사(22권)
법상 선사(7권)
법운 대사(22권)
법운공(27권)
법웅 선사(4권)
법의 선사(20권)
법제 선사(23권)
법제(제2세)(26권)
법지 선사(4권)
법진 선사(11권)
법해 선사(5권)
법현 선사(24권)
법회 선사(6권)
변륭 선사(26권)
변실(제2세)(26권)
보 선사(22권)
보개산 화상(17권)
보개약 선사(16권)
보광 혜심(24권)
보광 화상(14권)
보리달마(3권)
보만 대사(17권)
보명 대사(19권)
보문 대사(19권)
보봉 신당(17권)
보봉 화상(15권)
보수 화상 (12권)
보수소 화상(12권)
보승 선사(24권)
보안 선사(9권)
보운 선사(7권)
보웅 화상(12권)
보적 선사(7권)
보지 선사(27권)
보철 선사(7권)
보초 선사(24권)
보화 화상(10권)
보화 화상(24권)

복계 화상(8권)
복룡산(제1세)(17권)
복룡산(제2세)(17권)
복룡산(제3세)(17권)
복림 선사(13권)
복분 암주(12권)
복선 화상(26권)
복수 화상(13권)
복타밀다(1권)
본계 화상(8권)
본동 화상(14권)
본선 선사(26권)
본인 선사(17권)
본정 선사(5권)
봉 선사(11권)
봉 화상(23권)
봉린 선사(20권)
부강 화상(11권)
부나야사(1권)
부배 화상(8권)
부석 화상(11권)
불암휘 선사(12권)
불여밀다(2권)
불오 화상(8권)
불일 화상(20권)
불타 화상(14권)
불타난제(1권)
붕언 대사(26권)
비 선사(20권)
비구니 요연(11권)
비마암 화상(10권)
비바시불(1권)
비사부불(1권)
비수 화상(8권)
비전복 화상(16권)

ㅅ

사 선사(23권)

사건 선사(17권)
사구 선사(26권)
사귀 선사(22권)
사내 선사(19권)
사눌 선사(21권)
사명 선사(12권)
사명 화상((15권)
사밀 선사(23권)
사보 선사(23권)
사선 화상(16권)
사야다(2권)
사언 선사(17권)
사욱 선사(18권)
사위 선사(20권)
사자 존자(2권)
사정 상좌(21권)
사조 선사(10권)
사지 선사(26권)
사진 선사(22권)
사해 선사(11권)
사호 선사(26권)
삼상 화상(20권)
삼성 혜연(12권)
삼양 암주(12권)
상 선사(22권)
상 화상(22권)
상각 선사(24권)
상관 선사(9권)
상나화수(1권)
상전 화상(26권)
상진 선사(23권)
상찰 선사(17권)
상통 선사(11권)
상혜 선사(21권)
상홍 선사(7권)
서 선사(19권)
서륭 선사(25권)
서목 화상(11권)

서선 화상(10권)
서선 화상(20권)
서암 화상(17권)
석가모니불(1권)
석경 화상(23권)
석구 화상(8권)
석두 희천(14권)
석루 화상(14권)
석림 화상(8권)
석상 경제(15권)
석상 대선 (8권)
석상 성공(9권)
석상휘 선사(16권)
석제 화상(11권)
석주 화상(16권)
선각 선사(8권)
선도 선사(20권)
선도 화상(14권)
선미(제3세)(26권)
선본 선사(17권)
선상 대사(22권)
선소 선사(13권)
선소 선사(24권)
선자 덕성(14권)
선장 선사(17권)
선정 선사(20권)
선천 화상(14권)
선최 선사 (12권)
선혜 대사(27권)
설봉 의존(16권)
성공 선사(14권)
성선사(제3세)(20권)
성수엄 선사(17권)
소 화상(22권)
소계 화상(30권)
소명 선사(26권)
소산 화상(30권)
소수 선사(24권)

색 인 표

소암 선사(25권)
소요 화상(8권)
소원(제4세)(24권)
소자 선사(23권)
소종 선사(12권)
소진 대사 (12권)
소현 선사(25권)
송산 화상(8권)
수 선사(24권)
수계 화상(8권)
수공 화상(14권)
수눌 선사(19권)
수눌 선사(26권)
수당 화상(8권)
수로 화상(8권)
수룡산 화상(21권)
수륙 화상(12권)
수빈 선사(21권)
수산 성념(13권)
수안 선사(24권)
수월 대사(21권)
수유산 화상(10권)
수인 선사(25권)
수진 선사(24권)
수청 선사(22권)
순지 대사(12권)
숭 선사(22권)
숭교 대사(23권)
숭산 화상(10권)
숭은 화상(16권)
숭진 화상(23권)
숭혜 선사(4권)
습득(27권)
승 화상(23권)
승가 화상(27권)
승가난제(2권)
승광 화상(11권)
승나 선사(3권)

승둔 선사(26권)
승밀 선사(15권)
승일 선사(16권)
승찬 대사(3권)
시기불(1권)
시리 선사(14권)
신건 선사(11권)
신당 선사(17권)
신라 청원(17권)
신록 선사(23권)
신수 선사(4권)
신안 국사(18권)
신장 선사(8권)
신찬 선사(9권)
실성 대사(22권)
심 선사(23권)
심철 선사(20권)
쌍계전도자(12권)

ㅇ

아난 존자(1권)
악록산 화상(22권)
안선사(제1세)(20권)
암 화상(20권)
암두 전활(16권)
암준 선사(15권)
앙산 혜적(11권)
애 선사(23권)
약산 유엄(14권)
약산(제7세)(23권)
약산고 사미(14권)
양 선사(6권)
양 좌주(8권)
양광 선사(25권)
양수 선사(9권)
언단 선사(22권)
언빈 선사(20권)
엄양 존자(11권)

여눌 선사(15권)
여만 선사(6권)
여민 선사(11권)
여보 선사(12권)
여신 선사(22권)
여체 선사(19권)
여회 선사(7권)
역촌 화상(12권)
연 선사(21권)
연관 선사(24권)
연교 대사(12권)
연규 선사(25권)
연덕 선사(26권)
연무 선사(17권)
연수 선사(26권)
연수 화상(23권)
연승 선사(26권)
연종 선사(19권)
연화(제2세)(23권)
연화상(제2세)(23권)
영 선사(19권)
영가 현각(5권)
영각 화상(20권)
영감 선사(26권)
영감 화상(23권)
영관사(12권)
영광 선사(24권)
영규 선사(15권)
영도 선사(5권)
영명 대사(18권)
영묵 선사(7권)
영서 화상(13권)
영숭(제1세)(23권)
영안(제5세)(26권)
영암 화상(23권)
영엄 선사(23권)
영운 지근(11권)
영준 선사(15권)

영초 선사(16권)
영태 화상(19권)
영평 선사(23권)
영함 선사(21권)
영훈 선사(10권)
오공 대사(23권)
오공 선사(24권)
오구 화상(8권)
오운 화상(30권)
오통 대사(23권)
온선사(제1세)(20권)
와관 화상(16권)
와룡 화상(17권)
와룡 화상(20권)
왕경초상시(11권)
요 화상(23권)
요각(제2세)(21권)
요공 대사(21권)
요산 화상(11권)
요종 대사(21권)
용 선사(20권)
용수 존자(1권)
용계 화상(20권)
용광 화상(20권)
용담 숭신(14권)
용산 화상(8권)
용아 거둔(17권)
용운대 선사(9권)
용준산 화상(17권)
용천 화상(23권)
용청 선사(26권)
용혈산 화상(23권)
용회 도심(30권)
용흥 화상(17권)
우녕 선사(26권)
우두미 선사(15권)
우바국다(1권)
우섬 선사(26권)

색 인 표

우안 선사(26권)
우연 선사(21권)
우연 선사(22권)
우진 선사(26권)
운개 지한(17권)
운개경 화상(17권)
운산 화상(12권)
운암 담성(14권)
운주 화상(20권)
운진 선사(23권)
원 선사(22권)
원 화상(23권)
원광 선사(23권)
원규 선사(4권)
원명 선사(11권)
원명(제3세)(23권)
원명(제9세)(22권)
원소 선사(26권)
원안 선사(16권)
원엄 선사(19권)
원제 선사(26권)
원조 대사(23권)
원지 선사(14권)
원지 선사(21권)
월륜 선사(16권)
월화 화상(24권)
위 선사(20권)
위국도 선사(9권)
위부 화엄(30권)
위산 영우(9권)
유 선사(24권)
유 화상(24권)
유건 선사(6권)
유경 선사(29권)
유계 화상(15권)
유관 선사(7권)
유연 선사(17권)
유원 화상(8권)

유장 선사(20권)
유정 선사(4권)
유정 선사(6권)
유정 선사(9권)
유칙 선사(4권)
육긍 대부(10권)
육통원소선사(17권)
윤 선사(22권)
윤 스님(29권)
은미 선사(23권)
은봉 선사(8권)
응천 화상(11권)
의능(제9세)(26권)
의름 선사(26권)
의소 화상(23권)
의안 선사(14권)
의원 선사(26권)
의유(제13세)(26권)
의인 선사(23권)
의전 선사(26권)
의초 선사(12권)
의총 선사(22권)
의충 선사(14권)
이산 화상(8권)
이종 선사(10권)
인 선사(19권)
인 선사(22권)
인 화상(23권)
인검 선사(4권)
인종 화상(5권)
인혜 대사(18권)
일용 화상(11권)
일자 화상(10권)
임전 화상(19권)
임제 의현(12권)
임천 화상(22권)

ㅈ

자광 화상(23권)
자국 화상(16권)
자동 화상(11권)
자만 선사(6권)
자복 화상(22권)
자재 선사(7권)
자화 선사(22권)
장 선사(20권)
장 선사(23권)
장경 혜릉(18권)
장용 선사(22권)
장이 선사(10권)
장평산 화상(12권)
적조 선사(21권)
전긍 선사(26권)
전법 화상(23권)
전부 선사(12권)
전식 선사(4권)
전심 대사(21권)
전은 선사(24권)
전초 선사(20권)
정 선사(21권)
정과 선사(20권)
정수 대사(22권)
정수 선사(13권)
정오 대사(21권)
정오 선사(20권)
정원 화상(23권)
정조 혜동(26권)
정혜 선사(24권)
정혜 화상(21권)
제 선사(25권)
제다가(1권)
제봉 화상(8권)
제안 선사(7권)
제안 화상(10권)
조 선사(9권)
조 선사(22권)

조산 본적(17권)
조수(제2세)(24권)
조주 종심(10권)
존수 선사(16권)
종괴 선사(21권)
종귀 선사(22권)
종랑 선사(11권)
종범 선사(17권)
종선 선사(24권)
종성 선사(23권)
종습 선사(19권)
종실 선사(23권)
종의 선사(26권)
종일 선사(21권)
종일 선사(26권)
종전 선사(19권)
종정 선사(19권)
종지 선사(20권)
종철 선사(12권)
종현 선사(25권)
종혜 대사(23권)
종효 선사(21권)
종흔 선사(21권)
주 선사(24권)
주지 선사(21권)
준 선사(24권)
준고 선사(15권)
중도 화상(20권)
중만 선사(23권)
중운개 화상(16권)
중흥 선사(15권)
증각 선사(23권)
증선사(제2세)(20권)
지 선사(4권)
지견 선사(6권)
지관 화상(12권)
지구 선사(22권)
지균 선사(25권)

색 인 표

지근 선사(26권)
지단 선사(22권)
지덕 대사(21권)
지도 선사(5권)
지륜 선사(24권)
지묵(제2세)(22권)
지봉 대사(26권)
지봉 선사(4권)
지부 선사(18권)
지상 선사(5권)
지성 선사(5권)
지암 선사(4권)
지엄 선사(24권)
지옹(제3세)(24권)
지원 선사(16권)
지원 선사(17권)
지원 선사(21권)
지위 선사(4권)
지은 선사(24권)
지의 대사(25권)
지의 선사(27권)
지의 화상(12권)
지장 선사(7권)
지장 화상(24권)
지적 선사(22권)
지조(제3세)(23권)
지진 선사(9권)
지징 대사(26권)
지철 선사(5권)
지통 선사(10권)
지통 선사(5권)
지행(제2세)(23권)
지황 선사(5권)
지휘 선사(20권)
진 선사(20권)
진 선사(23권)
진 존숙(12권)
진각 대사(18권)

진각 대사(24권)
진감(제4세)(23권)
진랑 선사(14권)
진응 선사(13권)
진적 선사(21권)
진적 선사(23권)
진화상(제3세)(23권)
징 선사(22권)
징 화상(24권)
징개 선사(24권)
징원 선사(22권)
징정 선사(21권)
징조 대사(15권)

ㅊ

찰 선사(29권)
창선사(제3세)(20권)
책진 선사(25권)
처미 선사(9권)
처진 선사(20권)
천개유 선사(16권)
천룡 화상(10권)
천복 화상(15권)
천왕원 화상(20권)
천태 화상(17권)
청간 선사(12권)
청교 선사(23권)
청면(제2세)(23권)
청모 선사(24권)
청법 선사(21권)
청석 선사(25권)
청양 선사(13권)
청요 선사(23권)
청용 선사(25권)
청욱 선사(26권)
청원 화상(17권)
청원 행사(5권)

청좌산 화상(20권)
청진 선사(23권)
청품(제8세)(23권)
청해 선사(23권)
청해 선사(24권)
청호 선사(21권)
청환 선사(21권)
청활 선사(22권)
초 선사(20권)
초남 선사(12권)
초당 화상(8권)
초복 화상(15권)
초오 선사(19권)
초증 대사(18권)
초훈(제4세)(24권)
총인 선사(7권)
추산 화상(17권)
충언(제8세)(23권)
취미 무학(14권)
칙천 화상(8권)
침 선사(22권)

ㅌ

타지 화상(8권)
태원부 상좌(19권)
태흠 선사(25권)
통 선사(17권)
통 선사(19권)
통법 도성(26권)
통변 도홍(26권)
통화상(제2세)(24권)
투자 감온(15권)

ㅍ

파조타 화상(4권)
파초 화상(16권)
파초 화상(20권)

포대 화상(27권)
풍 선사(23권)
풍간 선사(27권)
풍덕사 화상(12권)
풍혈 연소(13권)
풍화 화상(20권)

ㅎ

하택 신회(5권)
학륵나(2권)
학림 선사(4권)
한 선사(10권)
한산자(27권)
함계 선사(17권)
함광 선사(24권)
함택 선사(21권)
항마장 선사(4권)
해안 선사(16권)
해호 화상(16권)
행랑 선사(23권)
행명 대사(26권)
행수 선사(17권)
행숭 선사(22권)
행애 선사(23권)
행언 도사(25권)
행인 선사(23권)
행전 선사(20권)
행주 선사(19권)
행충(제1세)(23권)
향 거사(3권)
향성 화상(20권)
향엄 지한(11권)
향엄의단선사(10권)
헌 선사(20권)
현눌 선사(19권)
현량 선사(24권)
현밀 선사(23권)
현사 사비(18권)

색 인 표

현소 선사(4권)
현오 선사(20권)
현정 대사(4권)
현지 선사(24권)
현진 선사(10권)
현책 선사(5권)
현천언 선사(17권)
현천(제2세)(23권)
현칙 선사(25권)
현태 상좌(16권)
현통 선사(18권)
협 존자(1권)
협산 선회(15권)
혜 선사(20권)
혜 선사(22권)
혜 선사(23권)
혜가 대사(3권)
혜각 대사(21권)
혜각 선사(11권)
혜거 국사(25권)
혜거 선사(20권)
혜거 선사(26권)
혜공 선사(16권)
혜광 대사(23권)
혜능 대사(5권)
혜달 선사(26권)
혜랑 선사(14권)
혜랑 선사(21권)
혜랑 선사(26권)
혜렴 선사(22권)
혜륜 대사(22권)
혜만 선사(3권)
혜명 선사(25권)
혜방 선사(4권)
혜사 선사(27권)
혜성 선사(14권)
혜성(제14세)(26권)
혜안 국사(4권)

혜오 선사(21권)
혜원 선사(25권)
혜월법단(제3세)(26권)
혜일 대사(11권)
혜장 선사(6권)
혜제 선사(25권)
혜종 선사(17권)
혜철(제2세)(23권)
혜청 선사(12권)
혜초 선사(9권)
혜충 국사(5권)
혜충 선사(4권)
혜충 선사(23권)
혜하 대사(20권)
혜해 선사(20권)
호감 대사(22권)
호계 암주(12권)
홍구 선사(12권)
홍나 화상(8권)
홍변 선사(9권)
홍엄 선사(21권)
홍은 선사(6권)
홍인 대사(3권)
홍인 선사(22권)
홍장(제4세)(23권)
홍제 선사(23권)
홍진 선사(24권)
홍천 선사(16권)
홍통 선사(20권)
화룡 화상(23권)
화림 화상(14권)
화산 화상(17권)
화엄 화상(20권)
환보 선사(16권)
환중 선사(9권)
황룡(제2세)(26권)
황벽 희운(9권)
회기 대사(23권)

회악 선사(18권)
회악(제4세)(20권)
회우 선사(16권)
회운 선사(7권)
회운 선사(20권)
회정 선사(9권)
회주 선사(23권)
회초(제2세)(23권)
회충 선사(16권)
회통 선사(4권)
회해 선사(6권)
횡룡 화상(23권)
효료 선사(5권)
효영(제5세)(26권)
효오 대사(21권)
후 화상(22권)
후동산 화상(20권)
후초경 화상(22권)
휴정 선사(17권)
흑간 화상(8권)
흑수 화상(24권)
흑안 화상(8권)
흥고 선사(23권)
흥법 대사(18권)
흥평 화상(8권)
흥화 존장(12권)
희변 선사(26권)
희봉 선사(25권)
희원 선사(26권)

도서출판 문젠(Moonzen Press)의 책들

1. 바로보인 전등록 (전30권을 5권으로)

7불과 역대 조사의 말씀이 1,700공안으로 집대성되어 있는 선종 최고의 고전으로, 깨달음의 정수가 살아 숨쉬도록 새롭게 번역되었다.
464, 464, 472, 448, 432쪽.
각권 18,000원

2. 바로보인 무문관

황룡 무문 혜개 선사가 저술한 공안집으로 전등록, 선문염송, 벽암록 등과 함께 손꼽히는 선문의 명저이다. 본칙 48개와 무문 선사의 평창과 송, 여기에 역저자인 대원선사의 도움말과 시송으로 생명과 같은 선문의 진수를 맛보여 주고 있다.
272쪽. 12,000원

3. 바로보인 벽암록

설두 선사의 설두송고를 원오 극근 선사가 수행자에게 제창한 것이 벽암록이다.
이 책은 본칙과 설두 선사의 송, 대원선사의 도움말과 시송으로 이루어져, 벽암록을 오늘에 맞게 바로 보이고 있다.
456쪽. 15,000원

4. 바로보인 천부경

우리 민족 최고(最古)의 경전 천부경을 깨달음의 책으로 새롭게 바로 보였다. 이 책에는 81권의 화엄경을 81자에 함축한 듯한 천부경과, 교화경, 치화경의 내용이 함께 담겨 있으며, 역저자인 대원선사가 도움말, 토끼뿔, 거북털 등으로 손쉽게 닦아 증득하는 문을 열어 놓고 있다.
432쪽. 15,000원

5. 바로보인 금강경

대원선사의 『바로보인 금강경』은 국내 최초로 독창적인 과목을 내어 부처님과 수보리 존자의 대화 이면의 숨은 뜻을 드러내고, 자문과 시송으로 본문의 핵심을 꿰뚫어 밝혀, 금강경 전체를 손바닥 안의 겨자씨를 보듯 설파하고 있다.
488쪽. 15,000원

6. 세월을 북채로 세상을 북삼아

대원선사의 선시가 담긴 선시화집 『세월을 북채로 세상을 북삼아』는 선과 시와 그림이 정상에서 만나 어우러진 한바탕이다.
선의 세계를 누리는 불가사의한 일상의 노래, 법열의 환희로 취한 어깨춤과 같은 선시가 생생하고 눈부시게 내면의 소리로 흐른다.
180쪽. 15,000원

7. 영원한 현실

애매모호한 구석이 없이 밝고 명쾌하여, 너무도 분명함에 오히려 그 깊이를 헤아리기 어려운, 대원선사의 주옥같은 법문을 모아 놓은 법문집이다.
400쪽. 15,000원

8. 바로보인 신심명

신심명은 양끝을 들어 양끝을 쓸어버리는, 40대치법으로 이루어진, 3조 승찬 대사의 게송이다. 이를 대원선사가 바로 번역하는 것은 물론, 주해, 게송, 법문을 더해 통쾌하게 회통하고 자유자재 농한 것이 이 『바로보인 신심명』이다.
296쪽. 10,000원

9. 바로보인 환단고기 (전5권)

『바로보인 환단고기』 1권은 민족정신의 정수인 환단고기의 진리를 총정리하여 출간하였다. 2권에는 역사총론과 태초에서 배달국까지 역사가 실려 있으며, 3권은 단군조선, 4권은 북부여에서부터 고려까지의 역사가 실려 있다. 5권에는 역사를 증명하는 부록과 함께 환단고기 원문을 실었다. 344 · 368 · 264 · 352 · 344쪽.
각권 12,000원

10. 바로보인 선문염송 (전30권)

선문염송은 세계최대의 공안집이다. 전 공안을 망라하다시피 했기에 불조의 법 쓰는 바를 손바닥 들여다보듯 하지 않고는 제대로 번역할 수 없다. 대원선사는 전 공안을 바로 참구할 수 있게끔 번역하고 각 칙마다 일러보였다. 352 368 344 352 360 360 400 440 376 392 384 428 410 380 368 434 400 404 406 440 424 460 472 456 504 528 488 488 480 512쪽. 각권 15,000원

11. 앞뜰에 국화꽃 곱고 북산에 첫눈 희다

대원선사의 선문답집으로 전강 · 경봉 · 숭산 · 묵산 선사와의 명쾌한 문답을 실었으며, 중앙일보의 〈한국불교의 큰스님 선문답〉 열 분의 기사와 기자의 질문에 대한 대원선사의 별답을 함께 실었다.
200쪽. 5,000원

12. 바로보인 증도가

선종사에 사라지지 않을 발자취로 남은 영가 선사의 증도가를 대원선사가 번역하고 법문과 송을 더하였다. 자비의 방편인 증도가의 말씀을 하나하나 쳐가는 선사의 일갈이야말로 영가 선사의 본 의중과 일치하여 부합하는 것이라 아니할 수 없다.
376쪽. 10,000원

13. 바로보인 반야심경

이 시대의 야부(冶父)선사, 대원선사가 최초로 반야심경에 과목을 붙여 반야심경 내면에 흐르는 뜻을 밀밀하게 밝혀놓고 거침없는 송으로 들어보였다.
264쪽. 10,000원

14. 선(禪)을 묻는 그대에게 (전10권 중 2권)

대원선사의 선수행에 대한 문답집.
깨달아 사무친 경지에 대한 밀밀한 점검과, 오후보림에 대한 구체적인 수행법 제시와, 최초의 무명과 우주생성의 원리까지 낱낱이 설한 법문이 담겨 있다.
280쪽. 272쪽. 각권 15,000원

15. 바로보인 선가귀감

선가귀감은 깨닫고 닦아가는 비법이 고스란히 전수되어 있는 선가의 거울이라 할 만하다. 더욱이 바로보인 선가귀감은 매 소절마다 대원선사의 시송이 화살을 과녁에 적중시키듯 역대 조사와 서산대사의 의중을 꿰뚫어 보석처럼 빛나고 있다.
352쪽. 15,000원

16. 바로보인 법융선사 심명

심명 99절의 한 소절, 한 소절이 이름 그대로 마음에 새겨두어야 할 자비광명들이다.
이 심명은 언어와 문자이면서 언어와 문자를 초월한 일상을 영위하게 하는 주옥같은 법문이다.
278쪽. 12,000원

17. 주머니 속의 심경

반야심경은 부처님이 설하신 경 중에서도 절제된 경으로 으뜸가는 경이다. 대원선사의 선송(禪頌)도 그 뜻을 따라 간략하나 선의 풍미를 한껏 담고 있다. 하루에 한 소절씩을 읽고 참구한다면 선 수행의 지름길이 될 것이다.
 84쪽. 5,000원

18. 바로보인 법성게

법성게는 한마디로 화엄경의 핵심부를 온통 휜출히 드러내놓은 게송이다. 짧은 글 속에 일체의 법을 이렇게 통렬하게 담아놓은 법문도 드물 것이다.
이렇게 함축된 법성게 법문을 대원선사가 속속들이 밀밀하게 설해놓았다.
176쪽. 10,000원

19. 달다 - 전강 대선사 법어집

이제는 전설이 된 한국 근대선의 거목인 전강 선사님의 최상승법과 예리한 지혜, 선기로 넘쳤던 삶이 생생하게 담겨 있는 전강 대선사 법어집 〈달다〉!
전강 대선사님의 인가 제자인 대원선사가 전강 대선사님의 법거량과 법문, 일화를 재조명하여 보였다.
368쪽. 15,000원

20. 기우목동가

그 뜻이 심오하여 번역하기 어려웠던 말계 지은 선사의 기우목동가!
대원선사가 바른 뜻이 드러나도록 번역하고, 간결한 결문과 주옥같은 선송으로 다시 보였다.
 146쪽. 10,000원

21. 초발심자경문

이 초발심자경문은 한문을 새기는 힘인 문리를 터득하게 하기 위하여 일부러 의역하지 않고 직역하였다.
대원선사의 살아있는 수행지침도 실려 있다.
266쪽. 10,000원

22. 방거사어록

방거사어록은 선의 일상, 선의 누림을 보여주는 대표적인 선문이다. 역저자인 대원선사는 방거사어록의 문답을 '본연의 바탕에서 꽃피우는 일상의 함'이라 말하고 있다. 법의 흔적마저 없는 문답의 경지를 온전하게 드러내 놓은 번역과, 방거사와 호흡을 함께 하는 듯한 '토끼뿔'이 실려 있다.
306쪽. 15,000원

23. 실증설

이 책은 대원선사가 2010년 2월 14일 구정을 맞이하여 불자들에게 불법의 참뜻을 보이기 위해 홀연히 펜을 들어 일시에 써내려간 법문을 모태로 하였다. 실증한 이가 아니고는 설파할 수 없는 성품의 이치를 자문자답과 사제간의 문답을 통해 1, 2, 3부로 나눠 실증하여 보이고 있다.
224쪽. 10,000원

24. 하택신회대사 현종기

육조대사의 법이 중국천하에 우뚝하도록 한 장본인, 하택신회대사의 현종기. 세간에 지해종도(知解宗徒)로 알려져 있는 편견을 불식시키는 뛰어난 깨달음의 경지가 여기에 담겨있다. 대원선사가 하택신회대사의 실경지를 드러내고 바로보임으로써 빛냈다.
232쪽. 10,000원

25. 불조정맥 - 韓·英·中 3개국어판

석가모니불로부터 현 78대에 이르기까지 불조정맥진영(佛祖正脈眞影)과 정맥전법게(正脈傳法偈)를 온전하게 갖춘 최초의 불조정맥서. 대원선사가 다년간 수집, 정리하여 기도와 관조 끝에 완성한『불조정맥』을 3개 국어로 완역하였다.
216쪽. 20,000원

26. 바른 불자가 됩시다

참된 발심을 하여 바른 신앙, 바른 수행을 하고자 해도, 그 기준을 알지 못해 방황하는 불자님들을 위해 불법의 바른 길잡이 역할을 하도록 대원선사가 집필하여 출간하였다.
162쪽. 10,000원

27. 누구나 궁금한 33가지

21세기의 인류를 위해 모든 이들이 가장 어렵고 궁금해 하는 문제, 삶과 죽음, 종교와 진리에 대한 바른 지표를 제시하고자 대원선사가 집필하여 출간하였다.
180쪽. 10,000원

28. 108진참회문 - 韓·英·中 3개국어판

전생의 모든 악연들이 사라져 장애가 없어지고, 소망하는 삶을 살게 하기 위해 대원선사가 10계를 위주로 구성한 108 항목의 참회문이다. 한 대목마다 1배를 하여 108배를 실천할 것을 권한다.
170쪽. 15,000원

29. 달마의 일할도 허락지 않는다

대원선사의 짧고 명쾌한 법문집.
책을 잡는 순간 달마의 일할도 허락지 않는 선기와 맞닥뜨리게 될 것이다. 때로는 하늘을 찌를 듯한 기세와, 때로는 흔적 없는 공기와도 같은 향기를 일별하기를…
190쪽. 10,000원

30. 마음대로 앉아 죽고 서서 죽고

생사를 자재한 분들의 앉아서 열반하고 서서 열반한 내력은 물론 그분들의 생애와 법까지 일목요연하게 수록해놓았다.
446쪽. 15,000원

31. 화두 3개국어판 - 韓·英·中

『화두』는 대원선사의 평생 선문답의 결정판이다. 생생하게 살아있는 선(禪)을 한·영·중 3개국어로 만날 수 있다. 특히 대원선사의 짧은 일대기가 실려 있어 그 선풍을 음미하는 데에 큰 도움을 주고 있다.
440쪽. 15,000원

32. 바로보인 간당론

법문하는 이가 법리를 모르고 주장자를 치는 것을 눈먼 주장자라 한다. 법좌에 올라 주장자 쓰는 이들을 위해서 대원선사가 간당론에서 선리(禪理)만을 취하여 『바로보인 간당론』을 출간하였다.
218쪽. 20,000원

33. 완전한 우리말 불공예식법

부처님께 공양을 올리고 불보살님의 가피를 구하는 예법 등을 총칭하여 불공예식법이라 한다. 대원선사가 이러한 불공예식의 본뜻을 살려서 완전한 우리말본 불공예식법을 출간하였다.
456쪽. 38,000원

34. 바로보인 유마경

유마경은 불법의 최정점을 찍는 경전이라 할 것이니, 불보살님이 교화하는 경지에서의 깨달음의 실경과 신통자재한 방편행을 보여주는 최상승 경전이다. 대원선사가 〈대원선사 토끼뿔〉로 이 유마경에 걸맞는 최상승법을 이 시대에 다시금 드날렸다.
568쪽. 20,000원

35. 실증설
5개국어판 - 韓·英·佛·西·中

대원선사가 불법의 참뜻을 보이기 위해 홀연히 펜을 들어 일시에 써내려간 실증설! 실증한 이가 아니고는 설파할 수 없는 도리로 가득한 이 책이 드디어 영어, 불어, 스페인어, 중국어를 더하여 5개국어로 편찬되었다.
860쪽. 25,000원

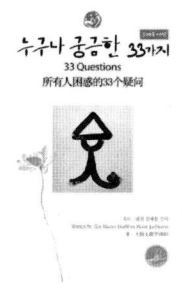

36. 누구나 궁금한 33가지
3개국어판 - 韓·英·中

누구라도 풀어야 할 숙제인 33가지의 의문에 대한 답을 21세기의 현대인에게 맞는 비유와 언어로 되살린 『누구나 궁금한 33가지』가 한글, 영어, 중국어 3개국어로 출간되었다.
408쪽. 15,000원

37. 달마의 일할도 허락지 않는다
3개국어판 - 韓·英·中

대원선사의 짧고 명쾌한 법문집인 『달마의 일할도 허락지 않는다』가 한글, 영어, 중국어 3개국어로 출간되었다. 전세계에서 유일하게 활선의 가풍이 이어지고 있는 한국, 그 가운데에서도 불조의 정맥을 이은 대원선사가 살활자재한 법문을 세계로 전하고 있는 책이다.
308쪽. 15,000원

38. 화엄경 (전81권)

대원선사는 선문염송 30권, 전등록 30권을 모두 역해하여 세계 최초로 1,463칙 전 공안에 착어하였다. 이러한 안목으로 대천세계를 손바닥의 겨자씨 들여다보듯 하신 불보살님들의 지혜와 신통으로 누리는 불가사의한 화엄세계를 열어 보였다.
220쪽. 각권 15,000원

39. 법성게 3개국어판 - 韓·英·中

법성게는 한마디로 화엄경의 핵심부를 훤출히 드러내 놓은 게송으로 짧은 글 속에 일체 법을 고스란히 담아 놓았다. 대원선사의 통쾌한 법성게 법문이 한영중 3개 국어로 출간되었다.
376쪽. 15,000원

40. 정법의 원류

『정법의 원류』는 불조정맥을 이은 정맥선원의 소개서이다. 정맥선원은 불조정맥 제77조 조계종 전강 대선사의 인가 제자인 대원 전법선사가 주재하는 도량이다. 『정법의 원류』를 통해 정맥선원 대원선사의 정맥을 이은 법과 지도방편을 만날 수 있다.
444쪽. 20,000원

41. 바로보인 도가귀감

도가귀감은, 온통인 마음(一物)을 밝혀 회복함으로써, 생사를 비롯한 모든 아픔과 고를 여의어, 뜻과 같이 누려서 살게 하고자 한 도교의 뜻을, 서산대사가 밝혀놓은 책이다. 대원선사가 부록으로 도덕경의 중대한 대목을 더하고, 그 대목대목마다 결문(決文)하였다.
218쪽. 12,000원

42. 바로보인 유가귀감

유가귀감은 서산대사가 간추려놓은 구절로서, 간결하지만 심오하기 그지없으니, 간략한 구절 속에서 유교사상을 미루어볼 수 있게 하였다. 대원선사가 그 뜻이 잘 드러나게 번역하고 그 대목대목마다 결문(決文)하였다.
236쪽. 15,000원

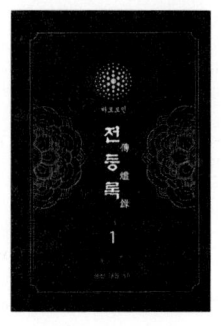

43. 바로보인 전등록 (전30권)

7불로부터 52세대까지 1,701명 선지식의 깨달음의 진수가 담긴 전등록 30권에 농선 대원 선사가 선리(禪理)의 토끼뿔을 더해 닦아 증득하는데 도움이 되도록 하였다.
288쪽. 각권 15,000원